Horst Petri

Psychotherapie mit jungen Erwachsenen

Horst Petri

Psychotherapie mit jungen Erwachsenen

Kreuz

Bibliografische Information der Deutschen Bibliothek
Die Deutsche Bibliothek verzeichnet diese Publikation in der Deutschen Nationalbibliografie; detaillierte bibliografische Daten sind im Internet über http://dnb.ddb.de abrufbar.

Kreuz Verlag, Stuttgart
in der Verlagsgruppe Dornier GmbH
Postfach 80 06 69, 70506 Stuttgart

www.kreuzverlag.de
www.verlagsgruppe-dornier.de

Umschlaggestaltung: P.S. Petry & Schwamb, Agentur für Marketing und Verlagsdienstleistungen, Freiburg
Satz: de·te·pe, Aalen
Druck: Clausen & Bosse, Leck

ISBN 3-7831-2714-9
ISBN 978-3-7831-2714-0

Inhalt

Einleitung

Diese kleine Schrift ist für junge Menschen geschrieben, die mit ihren seelischen Problemen schon seit längerem oder aktuell nicht mehr alleine zurechtkommen. Sollen sie in dieser Lage therapeutische Hilfe in Anspruch nehmen? Oder wäre das nicht das endgültige Eingeständnis ihres persönlichen Scheiterns? Werden sie dann nicht von ihren Mitmenschen für immer als »pathologischer Fall« stigmatisiert? Fragen und Zweifel. Auf sie gibt es nur eine Antwort: Jeder, der vor unüberwindbaren Konflikten steht und unter ihnen leidet, sollte fachliche Hilfe oder zumindest eine gründliche Beratung suchen. Dazu möchte diese Schrift ausdrücklich ermutigen. Die Zeiten gehören längst der Vergangenheit an, in denen es noch als ein Zeichen der Schwäche und als Makel galt, sich in eine Psychotherapie zu begeben.

Das Buch wendet sich aber auch an alle Erwachsenen, ob Eltern, Lehrer, Ausbilder oder andere Personen, die mit jungen Menschen zusammenleben oder zusammenarbeiten. Sie tragen eine große Verantwortung dafür, dass diese ihre Entwicklungskrisen schadlos überstehen und in kritischen Phasen fachlich gut betreut werden. In den Turbulenzen unserer Zeit nimmt die Zahl der Heranwachsenden und jungen Erwachsenen zu, die mit inneren und äußeren Orientierungsschwierigkeiten zu kämpfen haben und in der Gefahr sind, ernsthaft an ihnen zu erkranken. Deswegen brauchen sie den Rat und die Unterstützung von Erwachsenen, um den Weg in eine Therapie zu finden.

Bekanntlich haben sich in den letzten Jahrzehnten zahlreiche Therapieformen etabliert, auf die im Text vereinzelt einzugehen sein wird. Neben ihrer Vielfalt gibt es traditionsgemäß vier Bevölkerungsgruppen, die spezifische Abänderungen der jeweiligen Therapiemethoden notwendig machen – Kinder, Jugendliche, Erwachsene und alte Menschen. Die Gruppe, die in der Theorie und Praxis bisher jedoch kaum beachtet wurde, bilden die Heranwachsenden und jungen Erwachsenen, deren Altersbegrenzung im Zeitraum etwa zwischen dem 18. und 30. Lebensjahr liegt. Im üblichen psychotherapeutischen Verständnis und in der Behandlungspraxis werden diese jungen Menschen entweder dem Jugend- oder dem Erwachsenenalter zugerechnet.

Dabei wird übersehen, dass aus soziologischer Sicht Jungerwachsene schon seit längerer Zeit eine spezielle Untergruppe in der Bevölkerungspyramide darstellen. Durch verlängerte Schul- und Ausbildungszeiten, ein späteres Eintreten ins Berufsleben und durch spätere Heirat und Familiengründung, soweit diese überhaupt stattfinden, hat sich in dieser Bevölkerungsgruppe auch der gesamte psychosoziale und psychosexuelle Reifungsprozess verzögert. Außerdem lastet in Zeiten starker gesellschaftlicher Krisen mit hoher Arbeitslosigkeit und Ausbildungsplatzmangel ein enormer sozialer Druck auf dieser Gruppe. Man kann daher zu Recht davon sprechen, dass Jungerwachsene ein neuartiges Segment der Gesellschaft bilden, das nicht nur soziologisch, sondern auch psychologisch vielfältige Besonderheiten aufweist.

Da ich mich in den beiden letzten Jahrzehnten in meiner Behandlungspraxis schwerpunktmäßig auf diese Altersgruppe konzentriert habe, hoffe ich im Laufe der Darstellung zeigen zu können, dass sie wegen der genannten Besonderheiten auch eine altersgemäße Berücksichtigung im therapeutischen Vorgehen erfordert.

Im ersten Teil der Schrift sollen zunächst in der gebotenen Kürze Informationen über die wichtigsten Problemkreise und Krisen junger Menschen vermittelt werden, bei denen eine psychotherapeutische Hilfe notwendig erscheint. Der zweite Teil erörtert die tiefenpsychologischen Hintergründe für ihre seelischen und psychosozialen Konflikte. Den Schwerpunkt des Buches bildet der dritte Teil, in dem die Methode der »tiefenpsychologisch fundierten Psychotherapie« theoretisch für Laien verständlich und praxisnah veranschaulicht werden soll. Dieses Verfahren leitet sein Theorieverständnis von der Psychoanalyse ab, wobei deren praktische Anwendung grundlegende Wandlungen erfuhr. Sie hat sich für mich im Regelfall aus Gründen, die ausführlich diskutiert werden, als die günstigste Therapiemethode für junge Menschen herausgestellt.

So widme ich diese Schrift allen jungen Menschen, deren Leiden an sich selbst, an ihrer Familie oder an den gesellschaftlichen Lebensbedingungen ein Ausmaß erreicht hat, das für sie schwer erträglich geworden ist. Möge eine Therapie ihre seelischen Blockierungen lösen und zu neuen Entwicklungsschritten herausfordern, die ihnen ein größtmögliches Maß an Identität und Freiheit ermöglichen.

Mein Dank gilt allen Patienten, die mich an ihrem Schicksal haben teilnehmen lassen, und durch die ich tiefere Einblicke in die Problematik junger Erwachsener gewinnen konnte. Dort, wo ihre persönliche Geschichte, meist sehr skizzenhaft, in die Darstellung eingeht, wurden ihre Daten so verfremdet, dass sie von Dritten nicht identifizierbar sind.

Berlin, im Frühjahr 2006 Horst Petri

I. Die wichtigsten Problemkreise und Krisen junger Erwachsener

1. Einige Bemerkungen zum Therapeuten

Die zentrale Frage aller Patienten, ob groß oder klein, die sich mit dem Gedanken an eine psychotherapeutische Behandlung tragen oder von anderen dazu ermutigt oder gedrängt werden, lautet: Wie finde ich den richtigen Therapeuten? (Zur leichteren Lesbarkeit benutze ich im Folgenden den Begriff »Therapeut« für weibliche wie männliche Behandler. Außerdem spreche ich von »Patienten« statt von »Klienten«, weil das Wort für mich nichts Ehrenrühriges hat, und es einen Unterschied macht, ob man wegen eines Leidens zum Therapeuten oder wegen eines Streitfalles zum Anwalt geht.)

Die Frage nach dem richtigen Therapeuten ist völlig berechtigt. Vertrauen und das Gefühl, angenommen und verstanden zu werden, bilden die Grundvoraussetzungen jeder Therapie. Selbst in wissenschaftlichen Studien, die die Wirksamkeit verschiedener Behandlungsmethoden vergleichen, ist man sich einig, dass eine gute emotionale Beziehung zum Therapeuten als eine der wichtigsten, wenn nicht als die wichtigste Komponente über den Erfolg entscheidet. Insofern möchte ich die von mir bevorzugte tiefenpsychologische Therapie nicht gegen andere Behandlungsmethoden ausspielen, nur weil ich sie am gründlichsten gelernt habe und die meisten Erfahrungen mit ihr sammeln konnte. Die Betonung meiner Subjektivität in der Darstellung des Buches erscheint mir auch deswegen angebracht, weil jeder Therapeut seinen unverwechselbaren Charakter in die Therapie einbringt, und dies völlig unabhängig von seiner Theorie und Methode. Wichtiger sind seine Erfahrungen, noch wichtiger seine persönliche Integrität und Reife, die sich im Einzelnen nur schwer bestimmen lassen. Aber sie sind es, die dem Patienten das Gefühl des Vertrauenkönnens auf einer meist unbewussten Ebene vermitteln.

Wenn man trotzdem genauer zu beschreiben versucht, was einen guten Therapeuten besonders für junge Menschen ausmacht, erscheinen mir folgende Kriterien wichtig. Jüngere Therapeuten ohne breite Behandlungserfahrung sollten diese durch ein waches Interesse und Neugierde ausgleichen. Auf jeden Fall sollte ein Therapeut freundlich sein und lachen können. Wer über die befreiende Gabe des Lachens verfügt und damit oft nach Jahren der Düsternis das erste Lächeln des Patienten wieder hervorzaubert, besitzt in der Regel auch Humor. Er scheint mir der Humus zu sein, auf dem die Wärme und der menschliche Reichtum einer therapeutischen Beziehung am besten gedeihen. Jeder Therapeut, der mit jungen Erwachsenen arbeitet, sollte darüber hinaus nicht nur seine eigene Theorie im Kopf haben, sondern über möglichst breite soziologische Kenntnisse verfügen.

Es sind nicht die Psychologie und die Psychoanalyse gewesen, die das junge Erwachsenenalter als eine eigenständige Lebensperiode erkannt haben, sondern die Soziologie. Die Wandlungen der Familie und des gesamten Gesellschaftsgefüges in der zweiten Hälfte des 20. Jahrhunderts mit all ihren Überwerfungen und Krisen, die postmodernen Veränderungen traditioneller Wertnormen, die rasanten Fortschritte der Technologie mit ihrem für Mensch und Umwelt verbundenen Gefahrenpotenzial und schließlich das Megaprojekt des 21. Jahrhunderts, die Globalisierung, haben, wie wir weiter sehen werden, speziell für die junge Erwachsenengeneration zu völlig neuen Fragestellungen und Herausforderungen geführt. Ohne sie ständig im Blick zu haben, wird der Therapeut oft nur ein lückenhaftes Verständnis seiner jungen Patienten entwickeln können.

Wie man den »richtigen« Therapeuten findet, ist eine Frage ausreichender Information und Ausdauer. Zunächst sollte man sich über die Lektüre einschlägiger Literatur oder im Internet über die verschiedenen Therapieschulen informieren. (Einige Literaturangaben dazu sind im Literaturverzeichnis enthalten.) Wem das zu aufwendig ist, sollte Freunde, Verwandte oder Bekannte nach eigenen Therapieerfahrungen oder Kenntnissen befragen. Eine dritte Möglichkeit besteht darin, sich in Beratungsstellen für Lebensfragen«, die es in jeder größeren Gemeinde gibt und in denen fachlich geschulte Therapeuten arbeiten, durch ein Beratungsgespräch eine Empfehlung für die eine oder andere Therapierichtung geben zu lassen. Studenten finden in jeder Universitätsstadt eine auf ihre Bevölkerungsgruppe spezialisierte Einrichtung.

Bei der Wahl des Therapieverfahrens ist zu bedenken, dass die Krankenkassen eine Behandlung nur bei Therapeuten finanzieren, die von ihnen als Psychoanalytiker, Psychotherapeuten oder Verhaltenstherapeuten nach entsprechender Ausbildung anerkannt werden. Auf Anfrage verschicken sie Listen, in denen alle für den Wohnbereich zugelassenen Therapeuten verzeichnet sind.

Irgendwann hat man es geschafft und sitzt dem Therapeuten im ersten Vorgespräch gegenüber. Dabei sollte man sich auf sein Gefühl verlassen. Wenn einem plötzlich Schauer körnigen Eises den Rücken runterlaufen, kann man sich um einen zweiten, eventuell auch um einen dritten Therapeuten bemühen. Man ist nicht an den ersten gebunden. Allerdings sollte man aber auch den eigenen Anteil berücksichtigen. Wer selbst mit zu viel Misstrauen und aggressiver Distanz in ein solches Gespräch geht, wird nicht erwarten können, dass der Therapeut ihm sofort ein Glas Milch reicht und vor Glückseligkeit strahlt.

2. Auf welche Erfahrungen stützt sich das Buch?

Jeder Patient hat das Recht, zu erfahren, welche Voraussetzungen und Erfahrungen ein Therapeut für seinen Beruf mitbringt. Daraus leitet er einen wesentlichen Teil seines Vertrauens ab. Schließlich geht es bei der Psychotherapie um die Offenbarung der persönlichsten Dinge. So wird auch der Leser etwas über den Hintergrund wissen wollen, aus dem der Autor schöpft und auf welchem Datenmaterial seine Darstellung basiert.

Nach vielen Jahren Tätigkeit als Kinder- und Jugendpsychiater in einer Klinik führte ich im Rahmen einer freien Praxis über einen langen Zeitraum klassische Psychoanalysen mit Erwachsenen durch. Seit knapp zwei Jahrzehnten habe ich, neben anderen beruflichen Aktivitäten, meinen therapeutischen Arbeitsschwerpunkt auf tiefenpsychologisch fundierte Psychotherapien verlagert.

Bei ihnen liegt der Patient nicht wie in der klassischen Psychoanalyse zwei bis drei Stunden pro Woche für eine Zeit von mehreren Jahren bis zu 300 Stunden vom Therapeuten abgewandt auf der berühmten Couch, wie sie bereits von Freud als ideales setting für diese Methode genutzt wurde. In der tiefenpsychologischen Therapie kommt der Patient üblicherweise einmal pro Woche oder alle vierzehn Tage für eine Stunde zur Behandlung. Dabei sitzt er in meist seitlicher Anordnung dem Therapeuten im direkten Gespräch gegenüber. Der Umfang der Behandlung wird je nach Dringlichkeit der Probleme flexibel gehandhabt.

Seit ich diese Therapieform bevorzuge, waren und sind die meisten meiner Patienten junge Erwachsene. Die Auswahl ist nicht zufällig. Nach allen meinen Berufserfahrungen scheint mir für diese Altersgruppe das Verfahren aus Gründen am geeignetsten, die in der weiteren Darstellung deutlich werden.

Für dieses Buch habe ich alle Krankengeschichten meiner Patienten im Alter zwischen achtzehn und dreißig Jahren nochmals gesichtet. Die Erfahrungen mit dieser Behandlungsgruppe bilden eine wesentliche Grundlage für die Darstellung. Damit der Leser etwas genauer über sie informiert wird, stelle ich einige Daten aus der Auswertung voran. Sie sind nicht repräsentativ, dazu ist die Gruppe zu klein. Aber die Befunde führen unmittelbar in die Problemkreise dieser Altersgruppe ein.

Die Gesamtgruppe umfasst dreißig Patienten mit einem Durchschnittsalter bei Behandlungsbeginn von 23,3 Jahren. Zwanzig von ihnen waren junge Männer, zehn junge Frauen. Diese ungleiche Verteilung erscheint mir charakteristisch für dieses Alter, in dem junge Männer männliche Therapeuten, junge Frauen weibliche Therapeutinnen wegen ihrer noch stark ausgeprägten Identifizierungsbedürfnisse häufiger bevorzugen. Der Unterschied schlägt sich auch in der Anzahl der Therapiestunden nieder. Die durchschnittliche Stundenzahl lag für die Gesamtgruppe bei 27,1 Stunden und reichte mit einer weiten Streuung von einer bis 150 Stunden. Bei den Männern betrug der Durchschnitt 30, bei den Frauen 19,6 Stunden.

Genau die Hälfte der Gruppe waren Schüler und Studenten, die meisten von ihnen durch Sitzenbleiben, Studienwechsel und Langzeitstudium erheblich über dem regulären Alter. Sechs Patienten hatten keine Ausbildung, verdienten durch Gelegenheitsjobs ihr Geld oder wurden voll bzw. teilweise von ihren Eltern finanziell unterstützt. Außerdem umfasste die Gruppe drei Patienten in Ausbildung, drei mit abgeschlossener Lehre und drei Akademiker.

Nach einem unterschiedlich langen Therapieverlauf haben drei Patienten die Behandlung abgebrochen; eine Therapie habe ich von mir aus beendet, weil der Patient sich an keinerlei Verabredungen halten konnte; drei Patienten mussten aus äußeren Gründen durch Umzug in eine andere Stadt oder ins Ausland die Therapie vorzeitig beenden; zwei Patienten habe ich wegen der Schwere ihrer Störungen in eine langfristige Analyse vermittelt.

Was ist aus den Patienten geworden? Um über einen Behandlungserfolg etwas aussagen zu können, muss man sich nach einem größeren Abstand darüber informieren. Diese Form der Nachuntersuchung nennt man in der Fachsprache eine Katamnese. Ich habe deshalb vor Abfassung dieses Manuskriptes versucht, mit allen Patienten oder ihren Eltern, die ich erreichen konnte, ein ausführliches Telefonat zu führen. Wegen des teilweise langen Abstandes zur Therapie konnte ich ein Drittel leider nicht mehr erreichen, da sie inzwischen unbekannt verzogen waren. Bei allen anderen war es zu einer erfreulichen, mich selbst teilweise überraschenden Weiterentwicklung gekommen. Diese betraf in unterschiedlicher Ausprägung und Vollständigkeit ihre eigene seelische Verfassung, ihre soziale Integration durch feste Partnerschaften, Familiengründung, teils mit Kindern, einen größeren Freundeskreis, eine reifere und konfliktfreie Ablösung vom Elternhaus und besonders die berufliche Stabilisierung mit völliger oder weitgehender finanzieller Unabhängigkeit von den Eltern.

Dazu ist anzumerken, dass ich die Erfolge nur zu einem geringeren Teil der Therapie selbst zuschreibe. Diese Bescheidenheit erscheint mir angebracht, weil zahlreiche andere Umwelteinflüsse und vor allem das eigene Potenzial an persönlichen Ressourcen auf die noch stark im Fluss befindliche Entwicklung junger Menschen einwirken. Insofern betrachte ich die Therapie in diesem Alter als nur einen Faktor von vielen und hauptsächlich als einen Katalysator, der Verknotungen auflösen kann, um neue Schritte einzuleiten. Für dieses Ziel ist sie allerdings häufig unverzichtbar.

In diesem Sinne ist auch das überraschende Ergebnis der Katamnese, dass Therapieabbrüche nicht automatisch zu einem negativen Ausgang führen, zu werten. Oft scheinen die anderen Einflüsse in den folgenden Jahren stark genug zur Geltung zu kommen, um eine gesunde Weiterentwicklung in Gang zu setzen. In diesen Fällen reicht offenbar der therapeutische Anstoß zu diesem Prozess aus. Zum anderen scheint der Abbruch einen bereits stark entwickelten Verselbstständigungswillen auszudrücken.

3. Ein Überblick über die häufigsten Störungen

In der Medizin verwendet man bekanntlich Diagnosen, um Krankheitsbilder einheitlich zu erfassen. Der Versuch, dieses Vorgehen auf seelische Störungen zu übertragen, hat im Laufe des letzten Jahrhunderts zu immer neuen Klassifikationen geführt. Sie mussten nicht nur häufig revidiert werden, weil sich die Wissenschaft weiterentwickelte, sondern weil sich auch die Krankheitsbilder veränderten und neue auftraten. Unbefriedigend bleibt der Versuch auch deswegen, weil jede psychiatrische und jede psychotherapeutische Schulrichtung andere Diagnosen entworfen hat. Trotzdem finden sie zum Beispiel in Gutachten Anwendung, die zur Bewilligung jeder Therapie für die Krankenkassen erstellt werden müssen.

Ich erwähne diesen Sachverhalt deswegen, weil die meisten Patienten von ihrem Therapeuten »meine Diagnose« erfahren möchten. Ich verweise dann in der Regel darauf, dass seelische Störungen nicht mit Masern, einem Beinbruch oder einem Herzinfarkt zu vergleichen sind und dass ich ihnen kein Etikett aufkleben möchte, das sie mehr verwirren als ihnen Klarheit verschaffen kann; wichtig seien allein ihre Konflikte, die wir gemeinsam verstehen und lösen wollten.

Aus diesen Gründen werde ich in dem Buch auch keine Diagnosen verwenden, sondern die Störungen selbst benennen. Dazu habe ich aus den Krankengeschichten der dreißig jungen Patienten alle Symptome und Schwierigkeiten aufgelistet, über die sie im Vorgespräch oder im Laufe der Behandlung geklagt haben. Ich werde sie hier im Überblick und später genauer in ihren seelischen Ursachen beschreiben. Damit soll möglichen Betroffenen eine Orientierung gegeben werden, in welchen Bereichen sie selbst zu Problemen neigen. Dabei verzichte ich auf Zahlenangaben, erstens, weil die Gruppe zu klein und nicht repräsentativ ist, und zweitens, weil die Störungen bei jedem Einzelnen ein unterschiedliches Ausmaß erreichen. Außerdem ist die Kombination verschiedener Symptome und Schwierigkeiten bei allen Patienten die Regel und fällt bei jedem anders aus. Die Gewichtung der eigenen Probleme richtet sich also bei jedem Betroffenen in erster Linie danach, wie sehr er unter ihnen leidet.

Bei der Sichtung der Behandlungsprotokolle haben sich fünf Kategorien von Störungen ergeben, die sich sinnvollerweise unterscheiden lassen. Sie umfassen naturgemäß nicht alle Störungen, die allgemein einer der Kategorien zuzuordnen wären, sondern nur solche, die in der behandelten Gruppe auftraten. Folgende Kategorien lassen sich differenzieren: Psychosomatische Symptome, psychische Symptome, Beziehungsprobleme, soziale Verhaltensauffälligkeiten und schwere Lebensereignisse.

Was verbirgt sich hinter dieser Einteilung bei der Therapiegruppe?

Psychosomatische Symptome

Insgesamt waren diese Symptome selten und wenig ausgeprägt. In keinem Fall bildeten sie den Anlass für die Therapie. Neben einer gehäuften Krankheitsneigung in der Vorgeschichte seit der Kindheit, öfter verbunden mit einer allgemeinen körperlichen Schwäche, traten bei ganz wenigen Patienten funktionelle, das heißt organisch nicht begründbare Magen- und Darmstörungen auf. Sie waren während der Pubertätszeit gelegentlich mit einer leichten Mager- oder Fettsuchtproblematik verbunden. Daneben bestand bei einigen Patienten die Neigung zu Allergien oder sonstigen psychosomatischen Reaktionen, wie Nägelknabbern oder leichtes Stottern.

Es sei hier ausdrücklich darauf hingewiesen, dass schwere und lang anhaltende psychosomatische Erkrankungen, die von der Pubertät bis ins junge Erwachsenenalter reichen, auf tiefer reichende und frühe seelische Störungen schließen lassen, die eine längerfristige Therapie, in der Regel eine Psychoanalyse, notwendig machen. Zu ihnen gehören vor allem die Anorexia nervosa (Magersucht), die Bulimie (Fresssucht mit anschließendem Erbrechen) und die Adipositas (Fettsucht). In einigen lebensbedrohlichen Formen der Anorexie ist vor der ambulanten Therapie eine Klinikbehandlung auf einer psychosomatischen Abteilung unvermeidbar.

Psychische Symptome

Diese standen ganz im Vordergrund und bildeten meist den Anlass für den Therapiewunsch. Am häufigsten klagten die Patienten über Depressionen und Ängste.

Hinter Depressionen verbergen sich ganz unterschiedliche Gemütszustände. Neben dem eindeutig erlebten und formulierbaren Gefühl der Depression wird diese von den meisten Patienten in anderer Form umschrieben – als allgemeine Niedergeschlagenheit, Lustlosigkeit und Traurigkeit, als Apathie, Mutlosigkeit, Resignation und Hoffnungslosigkeit, als häufige Neigung zum Weinen, als Gefühl innerer Leere, Passivität und Einsamkeit oder auch als tiefe Verzweiflung. Ein paar Patienten hatten in ihrer Jugend einen Selbstmordversuch unternommen oder sich mit häufigen Selbstmordgedanken geplagt.

Den geklagten Ängsten lagen verschiedene Anlässe zugrunde. Neben einer allgemeinen, das gesamte Leben durchziehenden Ängstlichkeit bestanden bei vielen Patienten ganz konkrete Leistungs- und Prüfungsängste, Versagensängste gegenüber allen Lebensanforderungen und Zukunftsängste, die sowohl die eigene Entwicklung als auch die gesellschaftlich-politisch-ökologische Situation betrafen. Im letzten Fall konnte sich die Zukunftsangst bis zur Todesangst steigern. Bei einzelnen Patienten trat die Angst als Hypochondrie in Erscheinung, als Befürchtung, an einer unheilbaren Krankheit zu leiden.

Neben den Depressionen und Ängsten litt eine große Zahl von

Patienten an Arbeits- und Konzentrationsstörungen – ein Symptomenkomplex, der in der Regel mit verschiedenen Ängsten, depressiven Verstimmungen, Antriebsstörungen und Motivationslosigkeit gekoppelt ist. Diese Kombination scheint mir sehr charakteristisch für die Altersgruppe der jungen Erwachsenen zu sein und wird deswegen im Laufe der Darstellung eine breitere Rolle spielen. Zu ihr ergänzen sich bei vielen Patienten noch andere psychische Symptome, die als mangelnde Selbstachtung, Identitätslosigkeit und Entscheidungsschwierigkeiten zum Ausdruck kommen.

Beziehungsprobleme

Neben den psychosomatischen und psychischen Symptomen, die die eigene Befindlichkeit betreffen, sind Beziehungsschwierigkeiten mit anderen Menschen ein weiteres Charakteristikum der behandelten Gruppe. Sie äußern sich entweder in allgemeinen Kontaktstörungen oder, bei jungen Männern häufiger als bei Frauen, in speziellen Problemen mit dem anderen Geschlecht. Viele von ihnen haben noch nie oder nur flüchtig eine engere Partnerschaft erlebt, verfügen daher noch nicht über altersgemäße sexuelle Erfahrungen. Demgegenüber neigten andere zu wechselnden Beziehungen ohne engere Bindung. In einer dritten Untergruppe litten die Patienten unter einer Trennung, die sie nicht verwinden konnten. In einigen Fällen kamen sie deswegen zur Therapie.

Die Partnerproblematik war in der Gesamtgruppe in vergleichbarer Weise ausgeprägt wie die Beziehungsstörungen zu den Eltern. Entweder äußerten sich diese in zeitweilig dramatischen Ablösungskonflikten oder in dauerhaften Spannungen im Rahmen einer primär gestörten Eltern-Kind-Dynamik.

Die Beziehung in einer Partnerschaft und zu den Eltern bilden, speziell für junge Menschen, die beiden Bereiche, in denen sich die heftigsten Turbulenzen dieser Entwicklungsphase abspielen. Das spiegeln die Befunde aus der behandelten Gruppe eindrücklich wider. Bei einigen Patienten bestanden außerdem das übliche Maß übersteigende Geschwisterkonflikte, die von heftiger

Ablehnung, Hass, Neid und Rivalität geprägt waren. Eine andere Gruppe von Patienten litt unter der Unfähigkeit Freundschaften knüpfen oder halten zu können. Dieser Befund ist gravierend, weil Freundschaften auf dem Hintergrund des eingetretenen familiären Vakuums und der Orientierungskrise in dieser Altersphase von elementarer Bedeutung für sozialen Zusammenhalt und die persönliche Weiterentwicklung sind.

Soziale Verhaltensauffälligkeiten

Die meisten Auffälligkeiten im Sozialverhalten bei den dreißig Patienten lagen im schulischen Bereich und im Ausbildungsbereich. Sitzen bleiben, Schulabbrüche, Versagen im Abitur, Studienabbrüche, meist nach mehreren Studienwechseln, Versagen im Examen und Ausbildungsabbrüche in verschiedenen Lehrberufen führten bei vielen zu belastenden Krisen hinsichtlich ihrer persönlichen und beruflichen Zukunft. Die Ursachen für diese Schwierigkeiten lagen bei keinem der Patienten in einem Mangel an Intelligenz und Begabung. Sie waren ausschließlich durch seelische Konflikte bedingt.

Eine zweite Form sozialer Probleme bestand in einem mehr oder weniger ausgeprägten Suchtverhalten gegenüber Alkohol, Zigaretten, Haschisch, Fernsehen, Video-, Computer- und Internetnutzung, des Öfteren mit einer Spielsucht gepaart. Keiner der Patienten hatte Erfahrungen mit harten Drogen. Diese Suchtform erfordert andere therapeutische Maßnahmen.

Als dritte Störung im Sozialverhalten neigten vereinzelte Patienten zur Verwahrlosung in ihren Lebensbezügen, zu offen aggressivem Verhalten und in einem Fall zu kriminellen Handlungen.

Schwere Lebensereignisse

Sie zählen weder zu den seelischen Störungen, noch müssen sie zwangsläufig dazu führen. Aber sie lösen sie häufig aus. Deswegen führe ich sie hier mit auf. Gerade im jungen Erwachsenenalter können schwere Lebensereignisse in der Vorgeschichte die Lebenskrise dieser Entwicklungsphase in einer Weise verschärfen, die ihre Bewältigung aus eigener Kraft verhindert. Häufig kommt es dabei zu seelischen Symptomen und psychosozialen Problemen, die eine gezielte psychotherapeutische Behandlung erfordern.

Es gibt zahlreiche schwere Lebensereignisse, die die psychische Entwicklung eines Kindes bis weit ins Erwachsenenalter nachhaltig beeinträchtigen können. In der hier beschriebenen Behandlungsgruppe waren es überzufällig häufig ein dramatisches Scheidungsschicksal der Eltern und, in diesem Zusammenhang oder unabhängig davon, der endgültige Verlust des Vaters in früher Kindheit oder Jugend. Beide Lebensereignisse gehören zu den traumatischsten Erfahrungen, die Kinder erleben können. An weiteren nachwirkenden Belastungen fanden sich bei einzelnen Patienten sexueller Missbrauch, permanente körperliche Gewalt oder der Tod eines nahen Angehörigen während der Kindheit. Außerdem wurden einige Patienten seit früher Zeit mit der unheilbaren Krankheit oder chronischen Behinderung eines Elternteils konfrontiert.

II. Die tiefenpsychologischen Hintergründe für seelische und psychosoziale Probleme

1. Konflikte in Ausbildung und beruflicher Orientierung

Nach dem kurzen Überblick über die fünf Kategorien der häufigsten Störungen in meiner Behandlungsgruppe soll die folgende Darstellung die tiefenpsychologischen Hintergründe einiger ausgewählter Problemfelder bei jungen Erwachsenen beleuchten. Dabei beschränke ich mich nicht mehr auf die Erfahrungen mit meinen Patienten, sondern beziehe grundsätzliche Kenntnisse über die Psychologie und soziale Kernfragen dieser Altersgruppe ein. Dazu beginne ich mit den zentralen Entwicklungsproblemen, vor denen alle Menschen zwischen achtzehn und dreißig Jahren heute stehen – dem Abschluss einer Ausbildung und der Berufsfindung.

Was heißt heute? Im Unterschied zur Generation ihrer Eltern hat sich die Welt der jungen Erwachsenen in Schwindel erregender Weise gewandelt. Die Elterngeneration entstammt den Geburtsjahrgängen etwa zwischen 1950 und 1960. Es war die erste Nachkriegsgeneration, die in das Wirtschaftswunderland Deutschland hineinwuchs. Sie genoss nicht nur den wachsenden Wohlstand in einer historisch noch nie da gewesenen Dimension, sondern auch ein weit verzweigtes Bildungssystem und einen breiten Arbeitsmarkt. Unter diesen Bedingungen stand den meisten Menschen eine den eigenen Interessen und Begabungen angepasste Berufswahl offen. Aber nicht nur der Beruf, auch die sozialen Sicherungssysteme wie Krankenkassen, Renten, Arbeitslosenunterstützung und Sozialhilfe waren auf Dauer garantiert. Getragen wurde diese soziale Stabilität von einem Wertekonservatismus, bei dem Tugenden wie Fleiß, Ausdauer, Ehrgeiz, Konkurrenz, Zielstrebigkeit, Geld und Erfolg hoch im Kurs standen.

Und heute? Nur eine Generation später haben sich die Verhältnisse radikal verändert. Die Fakten sind hinlänglich bekannt und müssen hier nicht im Einzelnen benannt werden. Die Kontraste zu den gesellschaftlichen Voraussetzungen der Elterngeneration sind eklatant. Hier interessieren die psychologischen Auswirkungen der Umbrüche auf junge Erwachsene.

Die Entwicklungspsychologie lehrt uns, dass Kinder bereits in frühem Alter durch die Nachahmung der Eltern und durch die Identifikation mit ihnen ihren Erfahrungshorizont und ihr Wissen ausweiten. Sie wollen so werden wie sie. In späteren Entwicklungsphasen verinnerlichen sie die Eltern als Vorbilder und bauen sie zu inneren Instanzen um, durch die ihr moralisches und soziales Verhalten gesteuert wird. In der sekundären Sozialisation, also in Kindergärten und Schulen, ergänzen andere Erwachsene und die Gruppe der Gleichaltrigen die sozialisierenden Aufgaben der Eltern, indem auch sie als Identifikationsobjekte dienen. Auf diese Weise wachsen nicht nur Wissen und Erfahrung, sondern im Kind entsteht ein inneres Wertesystem, das ihm die Orientierung in seiner immer komplexer werdenden Welt erleichtert. So lernt es zum Beispiel in der Schule, dass Bildung ein unverzichtbarer Wert ist, der nicht nur über seinen schulischen und beruflichen Erfolg, sondern auch über seine Anerkennung in der sozialen Gemeinschaft entscheidet. Deswegen setzt sich der Jugendliche verstärkt mit Fragen der beruflichen Orientierung auseinander, wobei er seinen verinnerlichten Werten folgt. Das gilt heute für Mädchen wie Jungen gleichermaßen. Nur durch einen ihnen angemessenen Beruf können sie werden, was ihnen in der gesellschaftlichen Erwartung und Anerkennung einen Wert gibt und ihren Selbstwert stärkt. Einen Beruf ausüben heißt auch, Verantwortung zu übernehmen, ein Wert, zu dem jedes Kind von früh an erzogen wird.

Das alles haben junge Menschen noch von Kindesbeinen an von ihren Eltern und Lehrern gepredigt bekommen, sie haben es verinnerlicht, in ihr Wertesystem eingebaut und ihr Ich-Ideal daran ausgerichtet. Alle Jugendstudien der jüngsten Zeit belegen, dass ein befriedigender und gesicherter Beruf einen der höchsten Rangplätze auf den Werteskalen einnimmt.

Und worauf treffen junge Erwachsene heute in dieser Altersphase, in der die Realisierung einer langfristigen Lebensperspektive ansteht? Überall treffen sie auf einen Mangel an selbst unbezahlten Praktikumsstellen, an Ausbildungs- und Studienplätzen. Sie schreiben Dutzende von Bewerbungen, auf die sie nie eine Antwort bekommen, geben viel Geld für Reisen zu einem Bewerbungsgespräch aus und werden erneut abgelehnt. Der

Numerus clausus in den meisten Studienfächern hindert unzählige Abiturienten, das Fach ihrer Wahl zu studieren. Sie schreiben sich für exotische Fächer ein, die sie nicht interessieren, das Los der Arbeitslosigkeit nach dem Studium glasklar vor Augen. Die Liste der falschen Vertröstungen, Absagen und Enttäuschungen wird immer länger, die Wartezeiten füllen sich mit gähnender Langeweile. Und dann kommt eine Anstellung, aber nur befristet, auf ein halbes, wenn es hoch kommt, auf ein ganzes Jahr. Danach wieder die Grauzone der Arbeitslosigkeit und der Kampf um einen neuen Job, eine Vertretung vielleicht, für einen Monat oder ein paar mehr, keiner weiß es, unsicher ist es auf jeden Fall.

Flexibilität, interdisziplinäres Denken, Kreativität, Schnelligkeit, Problemlösungskompetenz, Innovationsgeschwindigkeit, Mobilitäts- und Risikobereitschaft, Selbstständigkeit, Entscheidungsfähigkeit, Verantwortungsbereitschaft, vorausschauendes Planen, Informationsaneignung, Kommunikations- und Kooperationsbereitschaft, Gestaltungskompetenz und Spontaneität heißen die neuen Wertparolen, die in allen von Politik und Wirtschaft diktierten Bildungsprogrammen stehen. Sie lassen den genmanipulierten Menschen längst überfällig erscheinen, der all diese Kompetenzen in sich vereinen könnte. Mit diesen Forderungen an die junge Generation hat sich ein sozialdarwinistisches Selektionsprinzip in der Arbeitswelt durchgesetzt, das zudem der Bemäntelung der katastrophalen Arbeitsmarktlage dient. Danach ist jeder selber schuld, der keinen ordentlichen Beruf erlernen oder ausüben kann, weil er die verlangten Voraussetzungen nicht erfüllt.

Man muss diese Zusammenhänge so weit aufblättern, wenn man die Krisen verstehen will, in die unzählige Jungerwachsene in Bezug auf ihre Ausbildung und Berufsperspektive geraten. Ein Beruf trägt entscheidend zu einem stabilen Selbstwertgefühl bei und bildet einen wesentlichen Teil der Gesamtidentität eines Menschen. Unter den geschilderten Bedingungen können diese inneren Strukturen erheblich geschwächt, nicht selten völlig zerstört werden. Denn gleichzeitig mit dem Verlust der inneren Sicherheit geht das Vertrauen in die unterstützende, fördernde und schützende Funktion der Umwelt verloren. Im Wertekanon einer zivilisierten Gesellschaft ist diese aber als verpflichtende und verantwortliche Loyalität der Erwachsenen gegenüber der jungen Generation verankert. Deswegen wird sie auch in allen Menschenrechtserklärungen ausdrücklich formuliert. Mit der Aufkündigung dieser Loyalitäten geht parallel die Verletzung eines tief verinnerlichten Prinzips aller sozialen Gemeinschaften einher – des Gerechtigkeitsprinzips.

Was viele junge Erwachsene derzeit erleben, ist der Ausverkauf, mehr noch, der Verrat nicht nur ihrer verinnerlichten Werte, sondern auch ihrer gesellschaftlichen Chancen. Die psychologischen Folgen dieses Verrats zeigen sich in verschiedenen Gesichtern. Enttäuschung, Wut und Vergeltungsaggression können sich zu blindem Hass und unstillbaren Rachegefühlen steigern und der nackten Gewalt und Kriminalität Tür und Tor öffnen. Das sind für die Gesellschaft die gefährlichsten Auswirkungen, die deswegen mit unnachgiebiger Strenge verfolgt werden. Viel verbreiteter ist das seelische Leiden, das sich letztlich gegen die eigene Person richtet. Dafür sind die Therapeuten zuständig.

Zu dieser Gruppe gehören viele meiner Patienten. Aus den Erfahrungen mit ihnen und zahlreichen anderen Befunden bin ich der Überzeugung, dass die weitaus meisten Formen von Schulversagen, Ausbildungs- und Studienabbrüchen auf unbewältigte und verdrängte Aggressionen zurückzuführen sind. Sie bilden das unbewusste Potenzial, aus dem sich der stille Protest, der heimliche Widerstand und die lustvolle Verweigerung gegen jegliche Anforderungen speisen. Diese unbewusste Strategie folgt dem Motto: »Wenn die Gesellschaft unerfüllbare Erwartungen an mich stellt, wenn sie mir den Zugang zu einer menschenwürdigen Welt versperrt und meine elementaren Grundrechte missachtet, werde ich ihr zeigen, wie ich meine Kraft auch gegen sie einsetzen kann.«

Der Konflikt zwischen Anpassung und Widerstand verhindert, weil er unbewusst bleibt, nicht, dass die Betroffenen unter ihrem Versagen leiden, dass sie mit Scham- und Schuldgefühlen über ihr Scheitern reagieren und ihr Selbstwertgefühl weiter einbricht. Daraus resultieren vermehrte Ängste und Depressionen. Wie man therapeutisch diesen Kreislauf durchbricht, wird an späterer Stelle zu zeigen sein.

Aber die bisherige Deutung muss erweitert werden. Der heimliche Protest der Leistungsverweigerung richtet sich nicht nur gegen den Werte- und Zukunftsverrat der Gesellschaft. Er ist in der Regel auch ein Kampf gegen die Leistungsansprüche der Eltern, meist der Väter. Insofern spiegelt der Protest auch einen ödipalen Konflikt wider, bei dem die Identifikation mit den Eltern misslungen ist. Wenn man jedoch bedenkt, dass die Eltern, besonders die Väter, in diesem Zusammenhang als Repräsentanten gesellschaftlicher Wertnormen fungieren, erscheint es notwendig, die Krisen der Berufsorientierung nicht nur von familiären Konflikten abzuleiten, sondern den prägenden Einfluss der Gesellschaft dabei mit zu berücksichtigen.

Der heimliche Protest und Widerstand sind nicht die einzigen Ursachen für Probleme in Schule, Ausbildung und Beruf. Oft liegen die Gründe in weit zurückreichenden biografischen Erfahrungen, die das seelische Gleichgewicht schon früh erschüttert haben. Hierunter fallen alle schwerwiegenden Störungen in der Eltern-Kind-Beziehung, die leider in zahllosen Variationen existieren. Ohne ausreichende elterliche Fürsorge, Liebe und Achtung sind nur wenige Menschen in der Lage, ihr angeborenes Begabungspotenzial voll zu entfalten. In der Mehrzahl bleiben das Selbstvertrauen und die Selbstanerkennung der eigenen Leistungsfähigkeit unentwickelt. Im Gegenteil werden schon kleine Niederlagen und Misserfolge als große Katastrophe erlebt, die das Selbstwertgefühl weiter schwächt. So können der Glaube an sich selbst und die Hoffnung auf künftige Erfolge in endgültige Resignation münden.

Ein spezielles, in heutiger Zeit weit verbreitetes Störungsmuster im Eltern-Kind-Verhältnis wird durch die Scheidung oder Trennung der Eltern erzeugt, zumal dann, wenn dabei ein Elternteil, meist die Väter, für immer verloren geht. Dieses Trauma bekommt für Schul-, Ausbildungs- und Berufsprobleme der betroffenen Kinder, Jugendlichen und späteren Jungerwachsenen inzwischen eine alarmierende Bedeutung. Durch viele Untersuchungen ist dieser Zusammenhang eindeutig bestätigt. Wenn die Scheidung in der Kindheit oder Jugend erfolgte, schleppen die Betroffenen ihre Trauer, Verlassenheitsgefühle, ihre Wut und Depression noch weit ins junge Erwachsenenalter mit sich. Dieser Gefühlskomplex hat in den meisten Fällen einen leistungsmindernden Einfluss, weil Initiative, Lernfreude und Motivation erheblich eingeschränkt werden. Besonders belastend sind die Loyalitätskonflikte, in die Scheidungskinder unweigerlich zu beiden Eltern geraten. Sie können sich zu einer schrecklichen inneren Zerrissenheit und Lähmung auswachsen. Diese Situation macht oft über viele Jahre hinaus völlig unfähig, ein angemessenes Leistungspotenzial zu entwickeln.

Zu Leistungseinbußen bis zum völligen Versagen in Schule oder späterer Ausbildung kommt es außerdem zwangsläufig, wenn jemand objektiv durch Teilleistungsstörungen, zum Beispiel eine Legasthenie, oder eine nur begrenzte intellektuelle Begabung permanent überfordert wird. Hier die richtige Diagnose und für die weitere Förderung andere Weichen zu stellen wäre Aufgabe eines Schulpsychologen. Deshalb überrascht es zunächst, wie häufig junge Erwachsene entweder aus eigenem Entschluss oder auf Veranlassung der Eltern einen Therapeuten aufsuchen, um die angeblichen seelischen Ursachen der Leistungsminderung behandeln zu lassen. Oft stellt sich dabei heraus, dass die Eltern die intellektuellen Grenzen ihrer Kinder immer verleugnet und entsprechende Empfehlungen der Lehrer in den Wind geschlagen haben. In solchen Fällen ist es Aufgabe des Therapeuten, die Eltern und den Patienten über seinen Verdacht zu informieren und eine psychologische Testdiagnostik und nötigenfalls andere Fördermaßnahmen oder Ausbildungswege zu empfehlen statt einer Psychotherapie. Wenn es ihm dabei gelingt, die Verleugnung der Eltern in einfühlender Weise aufzulösen und durch einen realistischen Blick auf die eigentlichen Ursachen für die Schwierigkeiten zu ersetzen, befreit er alle Beteiligten von einem jahrelangen Druck und eröffnet neue Perspektiven. Denn Menschen, die durch überhöhte Erwartungen unter dem Dauerstress der Selbstüberforderung leben, werden durch zusätzliche Blockaden gelähmt. Durch sie erreichen sie nur ein Minimum von dem, was sie ihren Voraussetzungen entsprechend leisten könnten.

2. Konflikte im Elternhaus

Parallel zu der drastisch verschlechterten Wirtschafts- und Arbeitsmarktlage und den dadurch vermehrten Zukunftsängsten von Jungerwachsenen breitet sich ein Phänomen aus, das Familiensoziologen sorgenvoll als »Nesthockersyndrom« bezeichnen. Die Tendenz vieler junger Menschen, ihren Verbleib im Elternhaus unangemessen lange auszudehnen, ist in den meisten Fällen zunächst sicherlich wirtschaftlich begründet. Problematisch wird die Situation jedoch, wenn dieses Motiv entfällt und sich eine Mentalität herausbildet, die Familie als dauerhafte Versorgungseinrichtung zu betrachten. Dieses Anspruchsdenken führt häufig zu einer ausgedehnten Passivität und Bequemlichkeit. Unter diesen Voraussetzungen sind erhebliche Konflikte für die Betroffenen selbst und mit den Eltern geradezu vorprogrammiert.

Ein junger Mensch, der sich allzu lange ans Elternhaus klammert und sich dort versorgen und verwöhnen lässt, mag diesen Zustand genießen. Aber er verleugnet damit seine dem Alter entsprechenden Autonomiebestrebungen und die Notwendigkeit zur Abgrenzung, durch die allein er seine soziale Selbstständigkeit und Identität finden könnte. Daher zahlt er für seine Verleugnung einen hohen Preis. Denn erfahrungsgemäß kommt es leicht zu einer Stagnation der gesamten psychosozialen Reifung, wenn man die Erfüllung der altersgemäßen Entwicklungsaufgabe verweigert. Erkennbar wird diese Stagnation oft darin, dass solche jungen Menschen sich in ihren allgemeinen Lebensbezügen eher regressiv statt progressiv verhalten; sie wirken in ihrer Lustbetontheit oft wie unreife Kinder, deren Realitätssinn, Konfliktfähigkeit und Verantwortungsbereitschaft wenig entwickelt sind. Da sich wegen des hohen Lustgewinns solche Haltungen leicht chronifizieren, wachsen die Probleme im Elternhaus und im gesamten sozialen Umfeld kontinuierlich an.

Irgendwann merken die Betroffenen selbst, dass sie gar nicht mehr in der Lage sind, Selbstverantwortung zu übernehmen. Ihre Kraft scheint wie erschöpft, Initiative zu ergreifen, sich kämpferisch für die Durchsetzung von Zielen einzusetzen und in eine konstruktive Konkurrenz zu anderen einzutreten. Erst wenn sie daran ernsthaft anfangen zu leiden und ihre Selbstachtung zusammenbricht, sind sie zu Veränderungen ihrer Einstellungen und ihres Verhaltens bereit und suchen im günstigsten Fall therapeutische Hilfe.

Bis es so weit ist, versuchen sie den Eltern gegenüber, ihre inneren Gefühle des Versagens, der Sinnlosigkeit und Leere zu verbergen und ihre Positionen trotzig zu behaupten. Die Eltern und besonders allein erziehende und allein verantwortliche Mütter geraten dadurch in einen Teufelskreis. Einerseits sehen sie die objektiven Schwierigkeiten, vor denen viele jungen Menschen auf ihrem Weg ins Leben heute stehen. Sie wollen sie unterstützen und fördern und leiden unter Schuldgefühlen, ihnen die räumliche Selbstständigkeit finanziell nicht ermöglichen zu können. Andererseits beschuldigen sie den Sohn oder die Tochter wegen ihres Egoismus und ihrer Faulheit und fühlen sich mit der Zeit immer rücksichtsloser ausgenutzt. So schwanken sie ständig zwischen Sorge um die Zukunft ihrer Sprösslinge und wachsender Frustration. Dieser innere Konflikt kann lange Zeit unbemerkt aufgestaut werden, bis er sich eines Tages in einem Durchbruch von Empörung, Wut und Aggression entlädt. Damit endet gewöhnlich der häusliche Friede. Die Streitigkeiten und Zerwürfnisse, die ab jetzt die Eltern-Kind-Beziehung bestimmen, entzünden sich oft an banalen Anlässen. Gegenseitige Vorwürfe und Schuldzuweisungen vergiften die Atmosphäre und führen zu einer wachsenden Entfremdung. Das Drama endet dann häufig mit einem unvermittelten Rausschmiss durch die Eltern oder mit dem abrupten Auszug des Nesthockers, wodurch die Beziehung auf lange Zeit belastet bleibt oder in die Brüche geht.

Ein anderer häufiger Konflikt im Eltern-Kind-Verhältnis bei jungen Erwachsenen läuft entgegengesetzt. Die Töchter und Söhne drängen nach draußen, wollen erwachsen werden und selbstständig leben. Oft werden sie daran aus finanziellen Gründen gehindert. Noch öfter aber sind es nach meiner Erfahrung die Eltern und besonders allein erziehende Mütter, die noch nicht bereit sind, ihre Kinder schon gehen zu lassen. Deren definitive Ablösung bedeutet grundsätzlich für die allermeisten Eltern eine krisenhafte Schwellensituation, die zahlreiche Ängste aufrührt –

die Angst, plötzlich alleine zu sein, nicht mehr gebraucht zu werden, die Angst vor Leere und Sinnlosigkeit, vor dem Alter, und die Ängste, die Kinder könnten das Leben alleine noch nicht bewältigen und daran scheitern. Normalerweise begreifen Eltern diese Schwellensituation als schmerzhafte Lebensaufgabe, die sie mit der Zeit zu bewältigen lernen, ohne daran zu erkranken oder in schwierige Verwicklungen mit ihren Kindern zu geraten.

Vielen gelingt dies nicht so leicht. Bei ihnen kommt es nicht selten zu regelrechten Ablösungskämpfen, bei denen, wörtlich oder symbolisch, Unmengen an Porzellan zerschlagen werden. In diesen Fällen werfen die Eltern den Kindern vor allem Undankbarkeit vor und erzeugen auf diese Weise Schuldgefühle. Oder sie appellieren an ihr Mitleid und ihre Fürsorgepflicht, wodurch sich die Rollen umkehren. Plötzlich werden die Eltern zu verlassenen Kindern und belasten ihre Töchter und Söhne mit einer Verantwortung, der sie nicht gewachsen sind. In jedem Fall entsteht in ihnen ein unlösbarer Konflikt zwischen ihren Abgrenzungsbedürfnissen und ihren Loyalitätsverpflichtungen. In meiner Behandlungsgruppe habe ich einige junge Erwachsene erlebt, die an dieser inneren Zerrissenheit unerträglich litten und sie ohne therapeutische Hilfe nicht überwunden hätten. Dagegen ist die andere, häufig anzutreffende Variante, bei der Eltern versuchen, ihre Kinder durch extreme Verwöhnung und kritiklose Nachgiebigkeit an sich zu binden, für die Betroffenen innerlich weniger konfliktträchtig.

Bei Familienkonflikten, bei denen die Ablösungsthematik im Vordergrund steht, beziehe ich die Eltern und speziell allein erziehende Mütter durch einige Gespräche in die Therapie mit ein. Das erscheint mir zum einen deswegen notwendig, weil in solchen Fällen eine einseitige Parteinahme für den Patienten die Konflikte zusätzlich schürt. Eltern erleben in dieser Situation den Therapeuten als Verbündeten ihres Kindes, der dadurch für sie selbst zum Konkurrenten und Gegner wird. Also werden sie durch weitere Sabotage den Prozess der Ablösung stören. Zum anderen halte ich vertiefende Gespräche mit ihnen für sinnvoll und erfahrungsgemäß sehr hilfreich, weil sie selbst mit dem Verlassenwerden durch die Tochter oder den Sohn in eine seelische Notlage geraten. Erst wenn sie sich darin verstanden fühlen und neue Perspektiven für ihr Leben entwickeln können, sind sie auch in der Lage, sich in ihr Kind einzufühlen und dessen Kampf um Autonomie als notwendigen Prozess der Selbstfindung zu akzeptieren.

Unter den bisher geschilderten Bedingungen des verlängerten Nesthockerdaseins und der verzögerten Ablösung wohnen junge Menschen noch zu Hause. Es ist oftmals für sie die spannungsreichste Zeit in ihrem Verhältnis zu den Eltern, die in vielen Fällen erst durch eine Therapie gelöst werden kann.

Wo liegen die wesentlichen Schwierigkeiten im Eltern-Kind-Verhältnis nach dem Auszug? Generell gilt die Erfahrung, dass trotz vorher bestehender Widerstände die Verselbstständigung in der Regel für beide Teile zu einer spürbaren Entkrampfung der Beziehung führt. Allein durch die räumliche Distanz wird der tägliche Zusammenprall unterschiedlicher Interessen und Meinungen vermieden und eröffnet einen neuen Spielraum für eigene Weiterentwicklung und wechselseitige Toleranz. Wenn bis zu diesem Zeitpunkt die Eltern-Kind-Konflikte aus Kindheit, Jugend und Adoleszenz nicht ausreichend gelöst sind, werden sie das gesamte weitere Leben begleiten. In diesem Fall sind sie nicht mehr auf das junge Erwachsenenalter beschränkt. Damit ist aber nur eine Grobaussage getroffen. Für einen Feinblick ergeben sich einige Nuancen.

Für viele Jungerwachsene geht die äußere Ablösung nicht zwangsläufig mit der inneren einher. Vielmehr durchschreiten sie ein Stadium der Ambivalenz. Einerseits sind sie glücklich über die neu gewonnene Freiheit, andererseits wird diese ihnen bei den gewachsenen Anforderungen an eine selbstverantwortliche Lebensgestaltung unheimlich. Das erklärt, warum manche zwischendurch ins Elternhaus zurückkehren und mehrere Anläufe bis zur endgültigen Trennung brauchen.

Für andere bedeutet die Konfrontation mit einer neuen Realität eine Herausforderung, der sie sich noch nicht gewachsen fühlen. Sie haben ihre eigenen Möglichkeiten überschätzt. Sobald die ersten Schwierigkeiten auftauchen, suchen sie nach Schuldigen. Und das sind in erster Linie die Eltern, die es angeblich versäumt haben, die Kinder auf den »Kampf im Leben« ausreichend vorzubereiten. Auf diese Weise werden alte Konflikte reaktiviert. Der strenge, übermächtige, aber immer abwesende Vater und die weiche, verwöhnende und bindende Mutter sind verbreitete und klassische Urbilder und Klischees, die sich, oft weit von der Wirklichkeit entfernt, in der täuschenden Erinnerung festsetzen. Sie eignen sich vortrefflich als Projektionsfläche, auf die alle eigenen Probleme übertragen werden können. In solchen Konstellationen benötigt der Therapeut genügend Erfahrung, um diese Abwehrmanöver zu durchschauen und den Patienten auf sich selbst zurückzulenken.

Zu den heftigsten Konflikten kommt es auch noch zwischen Jungerwachsenen und ihren Eltern, wenn diese seit langem geschieden sind, die Turbulenzen der Scheidung aber von allen Beteiligten bis heute nicht konstruktiv verarbeitet wurden. Obwohl in diesen Fällen das Thema in der Behandlung einen großen Raum einnimmt, soll es hier nicht weiter vertieft werden, da ich es bereits an früherer Stelle berührt habe.

3. Konflikte in Partnerschaft und Sexualität

Wenn junge Erwachsene den Absprung vom Elternhaus geschafft haben, wohnen sie normalerweise in Wohngemeinschaften oder mit einzelnen Freunden zusammen oder allein in einer kleinen Wohnung. Man sollte meinen, dass besonders die älteren unter ihnen, wie es noch vor einigen Jahrzehnten die Regel war, mehrheitlich in einer festen Partnerschaft zusammenleben, ob verheiratet oder in einer freien Beziehung, und dass ein großer Teil von ihnen bereits Kinder hat. Obwohl mir keine genauen Statistiken darüber bekannt sind, deutet vieles darauf hin, dass diese Vorstellung weitgehend überholt ist. Die jungen Erwachsenen repräsentieren heute am klarsten das Segment der Gesellschaft, in dem das Phänomen der Single-Existenz in Erscheinung tritt. Es ist ein Produkt des postmodernen Wertewandels, der die Ansichten über Partnerschaft, Liebe, Treue, Sexualität, Familie und Kinder revolutioniert hat. Die postmodernen Ideale von Freiheit, Individualismus und Selbstverwirklichung, die bei

Frauen die Emanzipation für Bildung, Beruf und finanzielle Unabhängigkeit einschließt, lösen die traditionellen Familienformen zunehmend ab. Die Folgen sind bekannt: die Scheidungsraten steigen kontinuierlich an, immer weniger Paare heiraten und bekommen weniger Kinder. Und wenn Heirat, dann möglichst spät, und wenn Kinder, dann höchstens eins, und erst in einem Alter, in dem die Zeituhr für Frauen bedenklich tickt. So lässt sich, wenn auch leicht überzeichnet, die aktuelle Situation zusammenfassen.

Die jungen Erwachsenen von heute sind auf dem Boden dieses ideologischen und faktischen Wandels der Geschlechterbeziehung groß geworden und haben die postmodernen Werte von früh an in ihr inneres Wertesystem aufgenommen. Ein tragender Pfeiler des Wandels war für die Generation ihrer Eltern die sexuelle Revolution, die als sexuelle Befreiung und als radikale Liberalisierung moralischer Grenzen gedacht und erprobt wurde. Für viele endete diese Utopie in leidvollen Erfahrungen, Schmerz, Tränen und zuweilen in der Zerstörung ihrer Existenz.

Auch hier muss man wieder diesen Hintergrund mitdenken, wenn man die Probleme verstehen will, die sich für Heranwachsende und junge Erwachsene in Fragen von Partnerschaft und Sexualität auftun.

Wie in der Einleitung bereits beschrieben und im weiteren Text verdeutlicht, benötigt diese Generation gegenüber früheren durch den Wandel der Gesellschaft einen längeren Entwicklungszeitraum bis zum endgültigen Eintritt ins Erwachsenenalter. Damit einher geht die Verlangsamung der psychosozialen Reifung. Unter ihr versteht man in erster Linie die seelische Stabilität, sich im sozialen Raum frei zu bewegen, Konflikte auszuhalten und auszutragen, weiterhin Dauer und Verlässlichkeit in der Ausübung eines Berufs und die Übernahme der Verantwortung für andere, ohne die kein Gemeinwesen existieren kann.

Mit der psychosozialen hängt die psychosexuelle Reife eng zusammen. Sie bedeutet die Fähigkeit zu engen und lang dauernden partnerschaftlichen Bindungen unter Einbeziehung einer selbst verantworteten und wechselseitig erfüllten Sexualität. Hier erinnert sich der Leser an die im Kapitel »Beziehungsprobleme« geschilderten Schwierigkeiten in meiner Behandlungsgruppe: noch keine sexuellen Erfahrungen oder mit häufig wechselnden Partnern, noch keine dauerhafte Liebesbeziehung oder mehrfache Trennungen scheinbar enger Bindungen. Stabile Partnerschaften mit einer befriedigenden Sexualität kamen bei einigen Patienten erst im Lauf der Therapie zustande oder, wie die telefonische Nachfrage (Katamnese) ergab, erst einige Zeit danach. Einzelne von ihnen hatten inzwischen geheiratet und Kinder bekommen.

Wie, wäre hier zu fragen, erklärt sich die komplexe Problematik in Partnerschaft und Sexualität meiner Patienten vor der Therapie? Bei dem Versuch zu einigen Antworten gehe ich davon aus, dass diese Problematik nicht nur meine Patienten betrifft, sondern in mehr oder weniger ausgeprägter Form auch eine breite Schicht junger Erwachsener.

Ein kardinaler Konflikt dieser Altersgruppe scheint mir zu sein, dass sie durch die von den Eltern übernommenen und verinnerlichten Werte vor unlösbare Widersprüche gestellt wird. Dabei geraten die Ansprüche auf Freiheit, Unabhängigkeit, Individualität und Selbstverwirklichung in Gegensatz zu den ursprünglichen und tieferen Bedürfnissen nach Geborgenheit, Nähe, Liebe und Vertrauen, die in der sexuellen Vereinigung ihre glückliche Erfüllung finden.

Wenn schon erwachsene und in der Liebe erfahrene Menschen immer wieder an der Lösung dieses Widerspruchs scheitern, vor welchen Schwierigkeiten müssen junge Leute am Beginn der neuen Reifungsstufe von Partnersuche und Sexualität stehen! Die geschilderten Probleme, die sich dabei ergeben, sind als der vergebliche Versuch zu deuten, einen wenn auch noch so unbefriedigenden Ausweg aus dem inneren Konflikt zu finden. Die Vermeidung einer verbindlichen Beziehung und das Ausweichen vor der Sexualität aus Angst vor Nähe, Verpflichtung und Verantwortung, aus Angst vor der Selbstaufgabe, stellen nur die umgekehrte Variante des entgegengesetzten Verhaltens dar. Auch die Flucht in unverbindliche Abenteuer oder die Beendigung einer längeren und enger werdenden Partnerschaft drückt die unbewusste Angst vor Autonomieverlust aus.

Es handelt sich bei dieser Dynamik um nicht weniger als den existenziellen Grundkonflikt zwischen Symbiose und Individuation, der bereits im ersten Lebensjahr einsetzt. Schon der Säugling und das Kleinkind sind hin- und hergerissen zwischen ihrem Wunsch, die Einheit mit der Mutter zu erhalten, weil sie optimale Geborgenheit und Schutz garantiert, und dem unbedingten Streben nach Abgrenzung, weil nur durch Freiheit und Unabhängigkeit eine eigene Persönlichkeitsentwicklung möglich ist.

Auch wenn dieser Grundkonflikt das weitere Leben jedes Menschen durchzieht und immer wieder neue Lösungen und Kompromisse gesucht werden müssen, scheint das junge Erwachsenenalter noch einmal mit besonderer Dramatik in ihn hineingezogen zu werden. Diese Annahme ist nicht überraschend. Die Lebensaufgabe in dieser Zeit, enge und dauerhafte Partnerschaften einzugehen, stellt quasi eine Wiederholungssituation zur frühen Mutter-Kind-Beziehung dar. Auch jetzt geht es wieder um den Konflikt, ganz mit dem anderen zu verschmelzen und sich dabei der Gefahr des Verschlungenwerdens auszuliefern oder sich radikal abzugrenzen, um sich selbst erst einmal als eigenständige Person zu erfinden.

Wenn dieser Konflikt nun noch zusätzlich durch den beschriebenen postmodernen Wertekanon ideologisch aufgeladen wird, bei dem die Individualisierung der eigenen Interessen eine vorrangige Bedeutung spielt, lässt sich seine Heftigkeit für junge Erwachsene leicht ermessen.

Im Alltag und in der therapeutischen Praxis sind die verschiedenen Lösungsversuche deutlich erkennbar. Einer von ihnen besteht in der narzisstischen Überbesetzung der eigenen Person. Narziss ist der aus der griechischen Mythologie berühmt gewordene bildhübsche Jüngling, der jeden Annäherungsversuch anderer Menschen abwehrt und sich in sein eigenes Spiegelbild verliebt. Das Motiv wurde in den letzten Jahrzehnten in der Psychoanalyse zum Ausgangspunkt für eine ausgedehnte Theorienbildung über den Narzissmus und die praktische Erforschung seiner Pathologie.

Unabhängig davon, dass der ausgeprägte Individualismus in unserer Kultur die Ausbildung narzisstischer Persönlichkeitsmerkmale stark gefördert hat, scheint das junge Erwachsenenalter in besonderer Weise von diesem Thema betroffen zu sein. Der verbreitete Narzissmus in dieser Altersgruppe erklärt sich aus zwei Gründen. Erstens dient er der Abwehr von Kleinheits- und Minderwertigkeitsgefühlen, die in dieser Phase der Verunsicherung, der Umbrüche und der Orientierungslosigkeit besonders deutlich hervorbrechen und das Selbst destabilisieren. Hier dient also die narzisstische Selbstidealisierung dem Schutz vor dem Zerfall des eigenen Selbstbildes.

Der zweite Grund für den überhöhten Narzissmus in dieser Altersphase liegt an der noch mangelnden Lebenserfahrung. Erst durch sie wird der Mensch ständig mit seinen eigenen Grenzen konfrontiert, überwindet die Kluft zwischen Selbstliebe und Fremdliebe und gewinnt unter dem Einfluss der Realität ein Gefühl für Maß und Proportionen.

Ein anderer Lösungsversuch für den Konflikt zwischen Bindung und Autonomie besteht im Gegenstück zum Narzissten. Man könnte diesen Typ als »Kleinheitsapostel« bezeichnen. Während der Narziss seine Kleinheitsgefühle verdrängt und zu immer neuen Eroberungszügen aufbricht mit dem einzigen Ziel, eine Frau (oder einen Mann) ins Bett zu kriegen, um sie danach wieder zu verlassen, löst der Kleinheitsapostel seinen inneren Konflikt auf andere Weise. Er hält sich für schwächlich, unattraktiv, unmännlich und dumm, zieht sich hinter seiner Angst vor Frauen (oder Männern) zurück und kultiviert seine Eigenbrötelei bis zur Karikatur. Meistens verbirgt sich hinter seiner realen, eingebildeten oder im übertragenen Sinne gemeinten Impotenz ein gehöriges Maß an Aggression, die er durch Überangepasstheit und Sanftheit abwehrt. Gegenüber dem Narzissten, der sein Leiden unter dem unlösbaren Konflikt durch eine grandiose *splendid isolation* abwehrt, empfindet der Kleinheitsapostel seine Einschränkungen durchaus als leidvoll, weil ihm seine Abwehrmanöver selbst nicht bewusst sind. Sowohl bei dem Narzissten als auch bei dem masochistisch in seine Unfähigkeit Verliebten handelt es sich um Masken, die die verletzlichen Gefühle von Abhängigkeit, Sehnsucht nach Nähe und Einsamkeit verbergen sollen. Erst in einer aufdeckenden Therapie können sie zugelassen werden und emotional korrigierende Erfahrungen einleiten.

Eine dritte Möglichkeit, dem Grundkonflikt zwischen Bindungswünschen und Unabhängigkeit auszuweichen, besteht in einem ziellosen Aktionismus. Die Hyperaktiven scheinen ständig unter dem Motto »Ich will ja, aber es klappt nicht« beweisen zu wollen, wie sehr sie an einer echten Partnerschaft interessiert sind. Sie scharen einen großen Freundeskreis um sich, gehen auf jede Party und kennen jede Disko in der Stadt. Aber über einen kurzen Flirt kommen sie nicht hinaus, sie finden einfach nicht die »richtige« Partnerin oder den »richtigen« Partner. Irgendwann versuchen sie es mit Kontaktanzeigen. Unter der bezeichnenden Rubrik »Lonely Hearts« veröffentlicht die bekannte Berliner Stadtzeitung »tip« alle vierzehn Tage hunderte solcher Anzeigen, etwa zwei Drittel von Männern, ein Drittel von Frauen. Wenn man die Altersangaben studiert, kann man fast über den hohen Anteil der Zwanzig- bis Dreißigjährigen erschrecken. Dabei ist »tip« nur eins von vielen Presseorganen, die auf dem anonymen Weg der Anzeige Partnerschaften stiften sollen. In den letzten Jahren hat sich durch das Internet unter der Losung »Du bist Internet« ein neuer Markt aufgetan, eine Kontaktbörse, auf der sich Menschen gegenseitig wie Aktien handeln, kurze Anstiege, schnelle Abstürze eingerechnet. Auch auf diesem Markt sind Jungerwachsene immer breiter vertreten.

Es geht in diesem Buch nicht um kulturkritische Betrachtungen, sondern um eine Einführung in die Problemfelder junger Erwachsener und ihre Therapie. Deswegen lasse ich den letzten Befund über die Anonymität und Virtualität der Geschlechterbeziehung junger Menschen auf dem Hintergrund gesellschaftlicher Transformationen unkommentiert. Der Befund verdeutlicht nur das Maß an Entfremdung zwischen den Geschlechtern, das Jungerwachsene bei dem Entwurf ihres Partnerschaftskonzeptes und der Entwicklung ihrer Partnerschaftsfähigkeit überwinden müssen. Dass die meisten, so unterschiedlich ihre Masken auch ausfallen, darunter leiden und viele an ihren Ängsten, Zweifeln, Ambivalenzen, Insuffizienzgefühlen, Potenzproblemen, Trennungsschmerzen und anderen Gefühlsverwirrungen seelisch erkranken, scheint mir wenig zweifelhaft.

Die drei Gruppen – die Narzissten, die Kleinheitsapostel und die Hyperaktiven – haben die grundlegende Unsicherheit, Angst und das Ausweichen vor tieferen Bindungen gemeinsam. Der bei ihnen noch ungelöste Ambivalenzkonflikt zwischen Nähe- und Distanzbedürfnissen verweist auf eine noch hohe Labilität ihres weiblichen oder männlichen Identitätsgefühls und somit auf die bereits genannte Verzögerung der psychosexuellen Reifung.

Aber es gibt unter der jungen Erwachsenengeneration noch eine andere Gruppe, die von den ersten dreien abweicht und auf einem scheinbar reiferen Niveau längerfristige Liebesbeziehungen halten kann. Dennoch sind auch diese Beziehungen krisen- und trennungsanfälliger als in der erwachsenen Bevölkerung, selbst wenn man deren hohe Trennungsraten einrechnet. Wie erklärt sich die höhere Instabilität von Paarbildungen in der jungen Generation? Nach meinen Erfahrungen reicht die nahe liegende Begründung nicht aus, dass es meistens die ersten festen Beziehungen dieser jungen Menschen sind, in denen es noch nicht zu wechselseitigen Abhängigkeiten durch finanzielle Verpflichtungen oder gemeinsame Kinder gekommen ist; auch nicht die Erklärung, Trennungen in diesem Alter würden durch eine liberale Ideologie und durch die Feststellung erleichtert, doch nicht den richtigen Partner fürs Leben gefunden zu haben. Als letzte Begründung könnte man anführen, dass im Unterschied zu früheren Generationen bei den heutigen Jungerwachsenen die wechselseitigen Ansprüche an den Partner in meist unerfüllbarer Weise gestiegen sind und oft den Charakter von illusionären Wunschbildern annehmen.

Auch wenn für viele Paare alle drei Begründungen zutreffen und in die Entscheidung zur Trennung hineinspielen mögen, liegen sehr häufig die psychologisch entscheidenden Ursachen tiefer. Die Paarbeziehungen in diesem Alter, die durch Trennungen enden, haben oftmals nur von außen betrachtet ein höheres Reifungsniveau der psychosexuellen Entwicklung erreicht. Erst der tiefenpsychologische Blick enthüllt in solchen Fällen bei beiden Partnern eine erhebliche Unreife und ausgedehnte regressive Bedürfnisse bei der Paarbildung. Oft findet man bei beiden in der Vorgeschichte schwere emotionale Defizite in der elterlichen Zuwendung und Versorgung. Die enge Beziehung wird daher von dem unbewussten Wunsch zusammengehalten, der andere möge, an Mutters oder Vaters statt, die emotionale Lücke schließen und die Entbehrungen der Kindheit ausgleichen. Beide Partner sind auf Dauer durch diese Ansprüche überfordert. Zur Trennung kommt es aber meistens erst dann, wenn einer der beiden durch einen neuen Entwicklungsschub, zum Beispiel durch den Abschluss einer Ausbildung, den Berufsbeginn, neue Freunde oder erweiterte Interessen, die regressive Position verlässt, während der andere an seinem symbiotisch anklammernden Verhalten festhält. Der Trennungsschmerz, in den dieser durch das Verlassenwerden stürzt, ähnelt dann in tragischer Weise dem Schmerz eines Kindes, das von seiner Mutter oder seinem Vater verlassen wird. Ohne therapeutische Hilfe sind in solchen Situationen eine Bewältigung des Trennungstraumas und eine psychische Weiterentwicklung kaum denkbar.

Eigentlich sollte man im Rahmen dieses Kapitels erwarten, dass die Fragen von Familiengründung und Kinderwunsch und die mit ihnen aufgeworfenen Konflikte bei jungen Erwachsenen ausführlicher thematisiert werden. Bei der Durchsicht meiner Krankengeschichten war ich jedoch selbst überrascht, wie selten diese Themen im Verlauf der Therapien auftauchten. Bei den wenigen Gelegenheiten, in denen sie von den Patienten angesprochen wurden, hatten sie nichts Konflikthaftes, sondern den Charakter rationaler Überlegungen. Es scheint so, und dafür sprechen nicht nur meine therapeutischen, sondern allgemeine Erfahrungen, dass der Wunsch nach Heirat und Kindern bei vielen Paaren zwar häufiger diskutiert wird, dass für die meisten ein ernsthafter Konflikt zwischen unterschiedlichen Interessen jedoch erst jenseits des jungen Erwachsenenalters daraus entsteht. Das entspricht den generellen Entwicklungen der Familienplanung in der Bevölkerung, weswegen das Thema in Bezug auf die Jungerwachsenen hier nicht weiter vertieft werden soll.

III. Das Verfahren der tiefenpsychologisch fundierten Psychotherapie

1. Das Erstgespräch

Nach dem Überblick über die wichtigsten inneren Konflikte und äußeren Problemfelder von Jungerwachsenen soll in diesem Kapitel der Prozess der Behandlung ausführlicher dargestellt werden. Dieser beginnt mit dem Erstgespräch. Im I. Kapitel habe ich bereits einige Hinweise zur Qualifikation des Therapeuten, zu seiner »richtigen« Wahl und zum setting, also zur äußeren Form, in der die Behandlung abläuft, gegeben.

Das Erstgespräch hat eine grundlegende und vielschichtige Bedeutung für den gesamten weiteren Therapieverlauf. In ihm muss der Therapeut gemeinsam mit dem Patienten über den Fortgang entscheiden. Dazu ist es notwendig, sich ein möglichst klares Bild über das anstehende Problem zu machen. Bei der einleitenden Frage: »Was führt Sie zu mir?« (im Unterschied zu manchen Therapeuten anderer Behandlungsmethoden sieze ich grundsätzlich meine Patienten, um falsche Verbrüderungen und Anbiederungen zu vermeiden) hat der Patient die Wahl, durch Ehrlichkeit seine Schwierigkeiten offen zu legen und dadurch einen guten Kontakt zum Therapeuten herzustellen. Er zeigt damit meistens, dass er unter großem Leidensdruck steht und zur Mitarbeit bereit ist. In diesem Fall sprechen wir von einem positiven Arbeitsbündnis. Er kann aber auch durch ungenaue und verschleiernde Angaben wahre Nebelschwaden verbreiten und den Therapeuten blind darin herumtappen lassen. Bei Beschreibungen wie: »Es geht mir schlecht, ich weiß auch nicht warum, ich glaube nicht, dass eine Therapie mir helfen kann« wird der Therapeut diesen Widerstand zunächst akzeptieren und einen Umweg einschlagen, um zu einer ersten Hypothese über das zugrunde liegende Problem zu gelangen. Dazu erfragt er die wichtigsten Fakten der Anamnese, also der Vorgeschichte seit der Kindheit und die aktuelle Lebenssituation. Aus den Umständen der Geburt, der schulischen Entwicklung, Ausbildung oder Berufsstand, einigen Angaben zu den Eltern, ihrem Verhältnis zueinander, der Beziehung des Patienten zu ihnen, zu Geschwistern und Freunden und seinen Partnererfahrungen erhält er bereits eine Fülle von Mosaiksteinen, die er zu einem vorläufigen

Bild über die Persönlichkeitsstruktur und mögliche Konfliktfelder zusammenbaut.

Aus ihnen kristallisiert sich ein erster Fokus heraus. Der Fokus spielt in der tiefenpsychologischen Therapie eine leitende Rolle. Er bezeichnet einen zentralen Punkt, an dem verschiedene Lebenslinien und Erfahrungen zusammenlaufen und sich zu einem Konflikt verknoten. Beispiele für solche gebündelten Konfliktknoten sind ausgeprägte Leistungsschwierigkeiten, ein Vater- oder Mutterkomplex, ein Selbstwertkonflikt, chronische Partnerprobleme, ein umschriebenes Trauma oder auch abgegrenzte psychosomatische oder psychische Symptome wie Essprobleme oder isolierte Ängste. Im Unterschied zur Psychoanalyse, die eine mühevolle Rekonstruktion des gesamten Lebens anstrebt und die einzelnen Schichten der psychischen Struktur bloßlegt, um komplexe Störungsmuster aufzudecken und neu zu ordnen, wurde die tiefenpsychologische Psychotherapie ursprünglich erfunden, um das psychoanalytische Verfahren abzukürzen. Bei dieser so genannten »Kurztherapie« standen das Auffinden eines Fokus und seine Bearbeitung im Mittelpunkt der Behandlung. Inzwischen hat sich daraus eine eigenständige und differenzierte Therapieform entwickelt, in deren Rahmen aber die Klärung eines oder mehrerer Fokusse nach wie vor von großer Bedeutung ist.

Um hier gleich noch einen wesentlichen Unterschied zur Psychoanalyse zu nennen – die Übertragung. Unter ihr versteht man die meist unbewusste Tendenz jedes Menschen, frühere Erfahrungen, Einstellungen und Gefühle, die er im Verlauf seiner Kindheit mit nahen Angehörigen, also meist den Eltern und Geschwistern, als prägend erlebt hat, später auf andere Personen zu »übertragen«. Freud hat als Erster diesen Mechanismus erkannt und für die von ihm entwickelte Psychoanalyse fruchtbar gemacht. Durch die enge Beziehung in der Therapie entsteht zwangsläufig ein Übertragungsprozess, bei dem der Therapeut für den Patienten zu einer Projektionsfigur seiner frühen Objekterfahrungen wird. Die Psychoanalyse nutzt diese »Übertragungsneurose« systematisch, weil in der Wiederholung die ersten Objektbeziehungen besonders deutlich hervortreten und sich bearbeiten lassen. Das setzt allerdings die Regression des Patienten auf frühe Erlebnisstufen voraus und erklärt die lange

Dauer von Psychoanalysen. Um dies zu verhindern, vermeidet die tiefenpsychologische Therapie die gezielte Arbeit an der Übertragung. Das bedeutet nicht, dass auch bei dieser Therapieform der Patient frühere Objektbeziehungen im Verhältnis zum Therapeuten reaktiviert, wodurch dessen Blick für die unbewussten Konflikte geschärft wird. Aber er spricht den Patienten nicht oder nur sehr sparsam auf seine Gefühle ihm gegenüber an, weil die aktive Förderung der »Übertragungsliebe« oder des »Übertragungshasses« ihn zu tief und zu gefährlich in die therapeutische Beziehung verwickeln würde. Damit wäre auch die Auflösung der Übertragungsbindung am Ende der Therapie außerordentlich erschwert.

Ich habe das Thema der Übertragung hier eingeführt, weil es bereits im Erstgespräch seine diagnostische Genauigkeit erweist. In der angespannten Situation kann der Patient gar nicht anders, als durch sein Verhalten untrügliche Zeichen seiner Übertragung zu setzen, und zwar unabhängig davon, wie offen oder verschleiernd er über seine Probleme spricht. Ob er höflich, brav und angepasst ist, ob ängstlich oder forsch, ob ironisch, provozierend, gereizt und aggressiv – immer teilt er dem Therapeuten unbewusst etwas über seine frühe Geschichte mit. Damit erfährt dieser noch nichts über den Inhalt der Beziehungskonflikte zu den Eltern, aber über die Art, wie der Patient sie zu lösen versucht. Dabei tauchen für den Therapeuten erste Vorstellungen und Bilder über die frühkindlichen Erfahrungen des Patienten auf, die er mit seinen jetzigen Schwierigkeiten verknüpft. Theoretisch formuliert, arbeitet er im Unterschied zur Psychoanalyse nicht *an* der Übertragung, sondern nur *mit* ihr. Dennoch ist es für ihn vom ersten Gespräch an immer wieder faszinierend, diesen Übertragungsvorgang zu beobachten und seine Veränderungen zu verfolgen.

Wenn der Patient beispielsweise im Laufe der Therapie sein Verhältnis zu den Eltern verstanden und geklärt hat, spiegelt sich die Veränderung in seinem Übertragungsverhalten deutlich wider. Wo er früher gefügig und gehemmt war, kann er jetzt seine Wünsche deutlich artikulieren und durchsetzen; wenn er früher bei jedem Anlass trotzig rebellierte, wird er sich jetzt kooperativ und sachlich über strittige Fragen auseinander setzen.

Zu den diagnostischen Funktionen des Erstgesprächs gehört es auch, sich über die Art und Schwere der Störung ein Bild zu machen und entsprechende Weichen zu stellen. Auf die Notwendigkeit, im Fall von chronischen Leistungsstörungen zum Ausschluss eines allgemeinen Überforderungssyndroms eine testpsychologische Intelligenzuntersuchung und gegebenenfalls andere Hilfsmaßnahmen zu empfehlen, bin ich bereits eingegangen. Bei ernsthaften psychosomatischen Erkrankungen wird der Therapeut für Patienten etwa ab dem fünfundzwanzigsten Lebensjahr eher eine Psychoanalyse als eine Psychotherapie empfehlen und zusätzlich eine gründliche fachärztliche Diagnostik veranlassen, weil solche Erkrankungen nicht selten eine ärztliche Mitbehandlung notwendig machen. Das Gleiche gilt beim Verdacht auf eine beginnende oder leichte Psychose. Diese tragischen Erkrankungen setzen sehr häufig im jungen Erwachsenenalter ein. Sie schließen eine Psychotherapie nicht aus, machen aber eine Begleitbehandlung mit Psychopharmaka meist unverzichtbar. Je früher beide sich ergänzenden Behandlungsmethoden einsetzen, umso günstiger ist der weitere Verlauf.

Einfacher ist die Lage bei Patienten, die insgesamt über eine ausreichend stabile psychische Verfassung verfügen und den Therapeuten wegen eines als leicht zu klassifizierenden Fokus aufsuchen. Dabei kann es sich um ein Entscheidungsproblem in einer Studien-, Berufs-, Wohnort- oder Partnerfrage handeln oder ein begrenztes Symptom, zum Beispiel eine Zahnarztphobie, einen bizarren Zwang oder eine leichte depressive Verstimmung. Oft wissen sie nicht, wie ernst sie selbst die geklagten Schwierigkeiten einschätzen sollen. In solchen Situationen empfiehlt sich die Verabredung von einem oder mehreren Beratungsgesprächen. In ihnen kann der Therapeut die Ernsthaftigkeit der Störung abschätzen und der Patient für sich klären, ob sich in diesem Rahmen der fokale Konflikt für ihn gelöst hat. Erst danach können beide gemeinsam über den Fortgang entscheiden.

Wenn solche Gespräche als Beratungsgespräche bezeichnet werden, ist das irreführend. Das können sie in einzelnen Punkten auch sein. Aber in erster Linie sind es nach meinem Verständnis bereits sehr intensive und konzentrierte Therapiesitzungen, in denen der Therapeut die unbewusste Dynamik des Konfliktes erfasst und mit Hilfe der weiteren Einfälle und Fantasien des Patienten deutet. Für den Therapeuten gehört es immer wieder zu den besonders befriedigenden Behandlungserfahrungen, wenn ein Patient nach ein, zwei oder drei solcher Sitzungen wie befreit aufatmet, weil er plötzlich seinen Konflikt mit aller Klarheit durchschaut und zu einer selbstständigen Lösung findet.

In der Regel dient aber das Erstgespräch nicht der Therapie, sondern der Vorbereitung darauf. Neben dem diagnostischen Überblick ist dabei die wichtigste Aufgabe des Therapeuten, bei dem Patienten Vertrauen herzustellen. Davon war bereits an früherer Stelle die Rede. Für junge Erwachsene ist die Entscheidung für eine Therapie oft deswegen so schwierig, weil ihr Entwicklungsprozess noch ganz auf Autonomie und Abgrenzung ausgerichtet ist. Deswegen müssen sie die neuerliche Abhängigkeit vom Therapeuten mit starker Ambivalenz erleben.

Neben den persönlichen und bereits genannten Eigenschaften, die dieser für die Behandlung von Jungerwachsenen mitbringen sollte, gehört es daher dazu, dass er den Patienten zur Therapie motiviert. Motivieren kann man Menschen nur, indem man ihnen Hoffnung macht und ihre Bereitschaft bestätigt, statt ihre Zurückhaltung durch kritische Einwände und Zweifel zu verstärken. Wenn dieser Optimismus im Erstgespräch nicht überspringt, so verhalten und scheinbar widerstrebend sich der Patient nach außen hin auch gibt, wird die Therapie nicht oder unter ungünstigem Stern zustande kommen.

Aber nicht nur der Patient muss sich für die Behandlung entscheiden, auch der Therapeut muss in einem oder mehreren Vorgesprächen klären, ob der Patient die Voraussetzungen dazu erfüllt. Dazu gibt es einige wichtige Kriterien. Das eindeutigste ist die Unterscheidung zwischen einem »primären« und einem »sekundären Leidensdruck«. Als primären Leidensdruck bezeichnet man das Leiden des Patienten an sich selbst, an seinen Schwierigkeiten und Problemen, auf die er immer wieder im Alltag mit seiner Umwelt stößt, an seinen Konflikten, die er durch sein Verhalten mit anderen Menschen auslöst. Der primäre Leidensdruck deutet auf die Bereitschaft zur kritischen Selbstreflexion und zur Introspektion hin, also der Fähigkeit, Einsichten und Erkenntnisse durch den geschärften Blick nach innen zu gewinnen. Ganz im Unterschied dazu neigt ein Patient mit nur sekundärem Leidensdruck dazu, die Schuld für seine Schwierigkeiten bei anderen zu suchen, bei Eltern, Lehrern, Ausbildern, Arbeitskollegen oder bei den »blöden Typen« des anderen Geschlechts. Oder er jammert über seine Kopfschmerzen, Konzentrationsstörungen oder Depressionen, ohne auch nur den Versuch zu unternehmen, nach inneren Gründen für diese Symptome zu suchen. Deswegen lautet eine zentrale Frage im Erstgespräch: »Was meinen Sie oder welche Theorie haben Sie sich gebildet, woher Ihre Schwierigkeiten kommen könnten?« Die Antwort lässt in der Regel die Unterscheidung zwischen primärem und sekundärem Leidensdruck gut erkennen.

Eine andere Voraussetzung für eine Therapie ist die Zuverlässigkeit des Patienten. Mit denen, die ständig zu spät kommen oder Stunden häufig unentschuldigt ausfallen lassen, lässt sich schwerlich eine kontinuierliche Arbeit aufrechterhalten. Andere Kriterien betreffen die Bereitschaft des Patienten, die Bedingungen der Therapie im Sinne eines Arbeitsbündnisses zu akzeptieren oder eigene Lebensgewohnheiten zu verändern. Der Therapeut muss alle diese Kriterien abwägen und versucht herauszufinden, wie groß im negativen Fall die Chancen der Behandlung sind, eine positive Motivation und die Umwandlung des sekundären in einen primären Leidensdruck zu bewirken. Nur durch ihn ist eine Heilung zu erwarten.

Nicht zuletzt trifft er diese Entscheidung auf der Basis seiner eigenen Gegenübertragungsgefühle. Nicht nur der Patient überträgt seine Gefühls- und Erfahrungswelt auf den Therapeuten, sondern auch umgekehrt. Als Gegenübertragung bezeichnet man beim Therapeuten im Allgemeinen nicht nur seine unbewussten, sondern auch seine bewussten Reaktionen auf den Patienten. Empfindet er spontan Sympathie für ihn, ist er stark angezogen von seiner Intelligenz oder seinen Talenten, wird er durch seine (oder ihre) Attraktivität oder den Charme verwirrt, neigt er dazu, sich übermäßig mit dem Patienten zu identifizieren, weil er sich selbst als junger Mensch in ihm gespiegelt sieht? Oder empfindet er eine innere Ablehnung, Ärger und Aggression, die er sich nicht erklären kann oder die durch bestimmte Verhaltensweisen und Eigenarten des Patienten bei ihm ausgelöst werden? Besonders Therapeuten, die mit jungen Erwachsenen arbeiten und eigene Kinder in diesem Alter haben, müssen außerdem streng darauf achten, die Erfahrungen mit ihnen nicht blind auf ihre Patienten zu übertragen. Unerkannte, zu heftige oder nicht kontrollierbare positive wie negative Gegenübertragungsgefühle und -reaktionen können eine Behandlung außerordentlich komplizieren und ihren Erfolg in Frage stellen. Deswegen sollte der Therapeut bei solchen Verwicklungen erwägen, den Patienten an einen anderen Behandler zu überweisen.

In der Regel sind Therapeuten jedoch durch ihre Ausbildung und ihre Lehranalyse im Umgang mit ihrer Gegenübertragung ausreichend geschult. Für sie stellt diese Beziehungskomponente daher kein Hindernis dar. Im Gegenteil können sie durch die Selbstbeobachtung ihrer Gefühle oft ein genaueres Bild über den Behandlungsprozess gewinnen und therapeutisch nutzen.

2. Die Therapie beginnt

Nach drei Vorgesprächen hat sich Frau L. für eine Therapie entschieden. Die Gespräche gestalteten sich schwierig, weil ihre Berichte immer wieder von vielen Tränen unterbrochen wurden. Es waren keine Weinanfälle, wie sie bei heftigen Emotionen auftreten. Es war mehr ein stilles In-sich-Hineinweinen mit einem dauernden Tränenfluss, den Frau L. kaum unterbrechen konnte. Deswegen ließ sich die Vorgeschichte nur in einigen Umrissen aufklären.

Die Patientin ist eine fünfundzwanzigjährige Apothekenhelferin. Nach dem Abitur wollte sie eigentlich studieren, traute sich aber nicht nur wegen ihrer Ängste, Unsicherheiten und Depressionen kein Studium zu, sondern weil sie sich nicht für begabt genug hielt. Ihr Selbstwertgefühl lag völlig danieder. Ihr Vater ist Kraftfahrzeugmeister. Er trennte sich von seiner Frau, als diese an einer schweren Psychose erkrankte. Frau L. war damals fünf Jahre alt und lebte seit dieser Zeit als Einzelkind bei ihrem Vater. Sie musste aber ihre Mutter, um die sich sonst niemand kümmerte, täglich für mehrere Stunden besuchen. Bis heute leidet die Mutter unter einem schweren Verfolgungswahn, fühlt sich von ihrem geschiedenen Mann und den Behörden ständig beobachtet und abgehört, die Nachbarn bestrahlen sie radioaktiv durch die Wände und vergiften ihr Essen, das sie erst zu sich nimmt, wenn die Tochter vorher davon gegessen hat. Seit einigen Jahren hat sie aber auch die Tochter in ihr Wahnsystem einbezogen. Sie beschimpft sie als Agentin der sozialen Dienste, schmeißt sie unvermittelt aus der Wohnung, um ihr am gleichen Tag in langen Telefonaten die Richtigkeit ihrer Wahnvorstellungen zu beweisen. Dabei ist sie überzeugt, dass ihre Tochter als Hure ihr Geld verdient, nachdem diese von gelegentlichen Kontakten mit jungen Männern erzählt hat.

Frau L. war bis zum Therapiebeginn noch nie für längere Zeit befreundet. Sexualität ist für sie, wie sie sagt, ein »Fremdwort«. Nach ihrem Bericht zu schließen, hängt ihr Vater einerseits abgöttisch an ihr, ist andererseits aber äußerst streng und reagiert ebenfalls sehr eifersüchtig auf Männer, sobald sie in der Ferne auftauchen. Er kritisiert seine Tochter viel, vermiest ihr schon kleinste Erfolge und wirft ihr ständig ihre Dummheit vor. Aber das Schlimmste ist für Frau L., dass er ihr schon als Kind die alleinige Verantwortung für ihre Mutter aufgeladen hat und bis heute keinerlei Gefühl für die Überforderung empfindet, die damit für sie verbunden ist. Seit zwei Jahren lebt Frau L. in einer Ein-Zimmer-Wohnung. Ihre Freizeit verbringt sie entweder bei ihrem Vater oder bei ihrer Mutter.

Zur ersten Behandlungsstunde betritt die Patientin zögernd den Raum. Kaum sitzen wir uns schräg gegenüber, laufen ihr die Tränen über das Gesicht. Wie in den Vorgesprächen kramt sie in ihrer Tasche vergeblich nach einem Tempotaschentuch. Mit kindlichem Blick bittet sie mich: »Haben Sie mal eins?« Sie weiß inzwischen, dass ich für solche Situationen mehrere Packungen im Schreibtisch liegen habe. Ich gebe ihr eine davon, und bis zum Stundenende wird sie sie, jedes Tuch eng zerknüllt, verbraucht haben.

Ich könnte ihre Angewohnheit, die Taschentücher regelmäßig zu vergessen, obwohl sie genau weiß, dass sie sie brauchen wird, jetzt als Fehlleistung deuten, hinter der der Wunsch eines Kindes verborgen ist, von mir getröstet zu werden und etwas geschenkt zu bekommen, vielleicht auch von mir in den Arm genommen zu werden. Eine solche Deutung wäre jedoch verfrüht, weil dieser Wunsch noch völlig unbewusst ist und seine Deutung viel zu starke Ängste auslösen würde. Aber noch aus einem anderen Grund wäre ein solches Vorgehen ein Fehler: es würde die regressive Komponente in Frau L.'s Verhalten ansprechen, also das Kleinkindhafte, und könnte damit entsprechende Tendenzen verstärken. Die tiefenpsychologische Psychotherapie versucht jedoch, wie bereits früher beschrieben, solche Regressionsprozesse nach Möglichkeit zu begrenzen. Sie arbeitet mehr mit den progressiven Kräften des Patienten, die ihm oft gar nicht bewusst sind und über die er auch nicht mehr verfügt, weil sie durch Hemmungen, Ängste, Schuldgefühle, Kummer und andere seelische Abwehrvorgänge unterdrückt wurden. Sie stellen aber das eigentliche Antriebsreservoir dar, das es wieder zu mobilisieren gilt, um neue Entwicklungen in Gang zu setzen.

Nachdem ich also Frau L. die Packung Tempotaschentücher mit einem kleinen Lächeln gegeben und mich wieder in meinen Sessel gesetzt habe, schweige ich und warte ab, mit welchem Thema sie die Stunde eröffnen wird. Das anfängliche Schweigen des Therapeuten hat den Sinn, den Patienten nicht in eine bestimmte Richtung zu beeinflussen, sondern durch seine ersten Bemerkungen an sein unmittelbares Erleben anzuknüpfen. Diese Regel folgt dem Vorgehen in der Psychoanalyse, in der das Schweigen des Therapeuten eine sehr viel breitere Anwendung findet. Es gibt dem Patienten genügend Raum für seine freien Einfälle, Assoziationen, Erinnerungen, Gefühle und Gedanken, mit denen verdrängtes Material wieder bewusst gemacht werden soll. In der tiefenpsychologischen Therapie setzt der Therapeut das Schweigen auch, aber viel sparsamer ein, um den freien Erzählstrom des Patienten zu fördern. Demgegenüber nimmt aber das dialogische Prinzip einen wesentlich breiteren Raum ein als in der Psychoanalyse, weil es die aktive Auseinandersetzung des Patienten mit seinen aktuellen Schwierigkeiten fördert. Dieser möchte zwar häufig über frühe Kindheitserlebnisse sprechen, weil sie ihn noch immer belasten. Im Unterschied zur Psychoanalyse geht es in der tiefenpsychologischen Behandlung dagegen vordringlich um die Klärung von Problemen, die den Patienten im Hier und Heute an einer vitalen Lebensgestaltung hindern. Deswegen muss der Therapeut ihn immer wieder ins Jetzt zurückholen, auch weil das Damals oft als Flucht benutzt wird, um dem aktuellen Konflikt auszuweichen.

Frau L. schweigt auch, sieht mich zwischendurch scheu an, um sich dann wieder mit dem zerknautschten Taschentuch zu beschäftigen, mit dem sie vergeblich gegen die Tränen ankämpft. In einer Psychoanalyse würde der Therapeut weiter schweigen, eventuell die gesamte Stunde lang, um beim Patienten den inneren Druck zu erhöhen, der seinen Widerstand auflösen soll. Die tiefenpsychologische Therapie hält sich weniger streng an solche Regeln, sie geht direkter vor, um schneller mit dem Patienten ins Gespräch zu kommen. In der beschriebenen Situation würde ein Analytiker, wenn er gnädig ist, das Schweigen irgendwann mit der lakonischen Feststellung unterbrechen: »Sie weinen!«, in der Hoffnung, dadurch den Patienten aus seiner Deckung hervorzulocken. Um diesen Umweg zu vermeiden und Frau L. nicht weiter auf die Folter zu spannen, sage ich schließlich: »Ihre stillen Tränen drücken für mich etwas aus, für das Sie offenbar die Sprache verloren haben, vielleicht Ihre unaussprechliche Traurigkeit und Ihr langjähriges Leiden an und unter den Eltern. Ich fühle mich aber außerdem an viele Patienten erinnert, bei denen sich noch etwas anderes hinter ihrem Weinen verbarg, nämlich Hilflosigkeit und Ohnmacht.«

Mit dieser Bemerkung ziele ich auf zweierlei. Erstens erweitere ich für die an ihre Depression fixierte Patientin das Gefühlsspektrum um zwei wichtige Dimensionen, die für sie unter der chronischen Belastung gar nicht mehr bewusst erlebt werden können. Von ihnen aus eröffnet sich der Zugang zu weiteren Affekten, die unmittelbar mit Hilflosigkeit und Ohnmacht gekoppelt sind. Zweitens verfremde ich diese Gefühle als scheinbar von anderen Patienten stammend. Durch diese Technik, andere Personen und ihre Gefühle, Erfahrungen und Berichte zu zitieren, dabei jedoch den Patienten zu meinen, wird vermieden, diesen direkt mit eigenen unangenehmen, beschämenden und ängstigenden Dingen zu konfrontieren. Statt bei ihm Abwehr und Widerstand auszulösen, hat er durch die Verfremdung die Möglichkeit, sich mit der zitierten Person zu identifizieren. Erst durch diesen Mechanismus kann er dann die Schilderung leichter auf sich selbst beziehen.

Frau L. atmet nach der letzten Bemerkung tief durch und hört auf zu weinen. »Komisch«, sagt sie, »als Kind habe ich mich sehr oft hilflos und ohnmächtig gefühlt. Aber dagegen bin ich stumpf geworden, weil ich ja sowieso nichts dagegen tun konnte und sich bis heute nichts an dem Zustand geändert hat.«

»Sie meinen, Sie haben an dem Zustand nichts geändert.«

»Wieso ich?«, fragt sie mit deutlich mehr Energie in der Stimme. »Was sollte ich denn tun?«

»Als Kind konnten Sie nichts tun. Das stimmt leider. Aber Sie sind schon seit langer Zeit kein Kind mehr.«

In diesem Dialogstück sind zwei Provokationen enthalten: »Sie haben an dem Zustand nichts geändert« und »Sie sind kein Kind mehr«. Sosehr einen auch das Schicksal eines Patienten berührt – und das von Frau L. war wahrhaftig erschütternd genug –, sosehr muss dem Therapeuten stets bewusst bleiben, dass Anteilnahme und Verständnis alleine keine Veränderungen bewirken. Sie stiften eine positive Übertragungsbeziehung und ein Arbeitsbündnis und vermitteln dem Patienten ein neuartiges Gefühl, gemeint zu sein und angenommen zu werden. Aber Veränderungen treten nur durch die Aufhebung von Verdrängungen und die aktive Konfrontation mit Konflikten ein. Und dazu sind Provokationen der zitierten Art unvermeidlich. Sie fordern den Patienten heraus, sich im Schutz der therapeutischen Beziehung seinen Ängsten zu stellen, Dinge aus einem neuen Blickwinkel zu betrachten und in kleinen Schritten das Wagnis und Risiko von neuen Erfahrungen einzugehen.

Dabei muss der Therapeut berücksichtigen, dass er mit solchen Provokationen erst arbeiten kann, wenn die Übertragung stabil genug ist und sich der Patient von ihr getragen statt abgelehnt fühlt. Insofern sind die beiden Provokationen bereits in der ersten Therapiesitzung riskant. Letztlich kann sich der Therapeut nur auf seine Erfahrung und sein Gefühl verlassen, wie tragfähig die Beziehung zum jeweiligen Zeitpunkt ist. Frau L. reagiert auf meine Provokation nicht mit Protest, was eine angemessene Reaktion wäre, sondern mit Rückzug auf die kindliche Position:

»Schön wär's, wenn ich kein Kind mehr wäre. Zumindest meinen Eltern gegenüber sehe ich überhaupt keine andere Möglichkeit.« – »Vielleicht können Sie mir das erklären.«

Jetzt beginnt Frau L. wieder zu weinen und verbraucht mehrere Tempotaschentücher, bis sie sich etwas beruhigt hat.

»Ich glaube nicht, dass ich Ihnen erklären kann, was es für ein Kind bedeutet, eine psychotische Mutter zu haben und allein für sie verantwortlich zu sein«, sagt sie.

Auf mein Schweigen fährt sie kurz danach fort: »Als Kind kann man doch nicht zwischen Wahrheit und Wahn unterscheiden. Weil ich selbst lange Jahre nicht wusste, wie real oder erfunden die Welt meiner Mutter war, zog sie mich immer stärker in ihr versponnenes Netz hinein. Wenn ich widersprach, schlug sie mich und ich bekam immer mehr Schuldgefühle, gelogen zu haben und ihr nicht zu glauben. Dann bekam ich Schuldgefühle, weil ich dachte, ich sei an ihrer Krankheit schuld. Und ich konnte nie genug für sie tun, um diese Schuld abzutragen. So ist es heute noch. Ich bestehe nur aus Schuldgefühlen und der ständigen Angst, zu versagen.«

»Das ist wirklich erdrückend. Von daher ist es verständlich, wenn Sie glauben, nie mehr aus dieser Falle herauszukommen und für immer ein Kind bleiben zu müssen, das sich nicht von den Eltern befreien darf. Aber ich glaube, Sie sind erwachsener, als Sie sich fühlen, denn sonst wären Sie an dieser ganzen Verantwortung zerbrochen. In Wirklichkeit sind Sie doch die Erwachsene und die Mutter das Kind, das sich von Ihnen versorgen lässt.«

»Sie meinen, wir hätten die Rollen getauscht?«

»Ja, genau das meine ich.«

Frau L. hat die ganze Zeit keine Träne geweint und schaut jetzt nachdenklich aus dem Fenster. Dass ich sie als Erwachsene bestätigt habe, war ein erster Schritt zur Korrektur ihres Selbstbildes.

»Trotzdem fühle ich mich jetzt, wenn wir darüber sprechen, wieder so hilflos und ohnmächtig wie damals«, sagt sie nach einer Pause. »Sich hilflos und ohnmächtig fühlen ist etwas anderes, als nur depressiv und traurig zu sein, meinen Sie nicht?«

»Nein, ich sehe darin keinen wesentlichen Unterschied.«

»Zumindest bei den Patienten, an die ich eben dachte, stellte sich bei genauerem Hinsehen heraus, dass sie sich an Gefühle von Wut und Ärger über ihre Hilflosigkeit und Ohnmacht erinnerten. Sie hatten sie aber vergessen oder besser gesagt ganz verdrängt, weil sie sie niemals ausdrücken durften, ohne schlimmste Sanktionen fürchten zu müssen.«

Mit dieser Bemerkung ziele ich, wenn auch wieder in verfremdeter Form, auf einen empfindlichen Nerv, der in der psychoanalytischen und psychotherapeutischen Theorie und Praxis kontrovers behandelt wird – auf das Thema der Aggression. Die einen fordern einen äußerst behutsamen Umgang mit dem Thema und würden mein Vorgehen bereits in der ersten Behandlungsstunde in die Nähe eines Kunstfehlers rücken. Sie begründen ihre Vorsicht damit, dass sehr stark verdrängte Aggressionen und die fest gefügte Abwehr, wie es zweifellos bei Frau L. der Fall war, nur in langsamen und dosierten Schritten angesprochen werden dürfen. Andernfalls würden die gleichzeitig aufbrechenden Ängste von dem Patienten kaum ertragen und könnten ihn in eine schwere Krise stürzen.

Andere Therapeuten dagegen, besonders in der Gestalttherapie, brechen mit ihrer Methode bewusst und radikal die Abwehr auf, um die aggressiven Affekte ins bewusste Erleben zurückzuholen. Nur auf diese Weise, so ihre Auffassung, werde der Patient emotional zu einer konstruktiven Auseinandersetzung mit seiner Problematik gezwungen.

Ich halte beide Positionen für ins Extrem überzogen. Die erste unterschätzt nach meiner Erfahrung die Fähigkeit der meisten Patienten, auch mit starken und plötzlich aufbrechenden Gefühlen umzugehen, wenn sie sich, um es zu wiederholen, in der therapeutischen Beziehung aufgehoben und geschützt fühlen. In dieser Situation bedeutet die befreiende Wirkung der Aggression für den Patienten die ungeheure Erkenntnis über sein verdrängtes Kraftpotenzial. Damit wachsen sein Selbstvertrauen und seine Ich-Stärke.

Aber man kann es auch übertreiben. Zum Beispiel haben viele Gestalttherapeuten nur geringe tiefenpsychologische Kenntnisse und Erfahrungen. Außerdem kennen sie die Patienten vorher nur kurz oder oft gar nicht. Das ist besonders der Fall, wenn diese in größeren Abständen und aus weiter räumlicher Entfernung an einem Gestaltwochenende teilnehmen, einer in der Gestalttherapie verbreiteten Praxisform. Unter diesen Bedingungen können die Therapeuten häufig nur schwer einschätzen, was sie im Patienten ausgelöst haben. Vor allem aber können sie ihn nicht auffangen, wenn es danach zu ernsthaften Zusammenbrüchen kommt.

Aus den genannten Gründen geht die tiefenpsychologische Therapie einen Mittelweg. Sie vertraut auf die konstruktive Wirkung der aktivierten Aggression, ohne diese mit Macht aus ihrer Verdrängung zu lösen. Zum Beispiel ist meine letzte Bemerkung im Dialog mit Frau L. über Wut und Ärger anderer Patienten so formuliert, dass sie die Wahl hat, schon die Möglichkeit aggressiver Affekte für sich abzulehnen oder diese, wieder in Identifikation mit den anderen, wenigstens in Erwägung zu ziehen. Dem Patienten diese Wahl zu lassen kommt einer Probedeutung gleich. Indirekt sage ich ihr: »Auch Sie müssen damals Wut und Ärger erlebt haben.« Mit Probedeutungen lässt sich testen, wie notwendig die Abwehr für den Patienten noch ist, um nicht von unkontrollierten Emotionen überschwemmt zu werden, bzw. wie nah diese bereits an die Grenze zur bewussten Wahrnehmung vorgedrungen sind.

»An Wut und Ärger auf meine Eltern damals und heute kann ich mich nicht erinnern«, antwortet Frau L. »aber irgendetwas könnte doch dran sein. Auf andere Menschen wirke ich ja immer depressiv, ängstlich, gehemmt und angepasst. Das bin ich ja im Alltag auch. Aber wenn ich an meine Träume denke, steckt in mir ein kleines Ungeheuer.«

Ich übergehe diese Enthüllung, weil es mir für die erste Stunde genug erscheint, was die Patientin von sich preisgegeben hat. Für den Moment will ich sie nicht tiefer in die Aggressionsproblematik hineinziehen. Mit dem Eingeständnis ihrer Traumwelt hat sie einen unerwarteten Schritt zur Auseinandersetzung mit diesem Thema gemacht. (Auf den Umgang mit Träumen in der tiefenpsychologischen Therapie werde ich später eingehen) Ich beschränke mich daher auf die Bemerkung: »Diese Ungeheuer interessieren mich sehr, aber für die heutige Stunde lassen wir sie besser noch ruhen. Die Zeit ist auch gleich vorbei. Erzählen Sie mir lieber, was Sie heute noch vorhaben.«

Sie wird zuerst die Mutter und dann den Vater besuchen. Aber ich bin sicher, dass meine letzte Bemerkung ihren Untergrund in Bewegung setzt. Schattenhaft noch werden die ersten Alternativen am Horizont ihres Bewusstseins auftauchen.

Da die Behandlung von Frau L. im weiteren Verlauf des Buches nicht mehr auftaucht, will ich die hoffentlich geweckte Neugier des Lesers befriedigen und wenigstens in Kürze schildern, wie es weiterging und wie die Therapie endete.

Die Behandlung umfasste im ersten Abschnitt 84 Stunden, verteilt auf einen Zeitraum von sieben Jahren. Drei Jahre später, nach einer neuerlichen Krise, kam Frau L. noch einmal für 15 Stunden zur Therapie, verteilt auf ein halbes Jahr. Es war von Anfang an klar, wo der Fokus lag. Die Befreiung aus dem Gefängnis ihrer Kindheit konnte nur gelingen, wenn die Patientin sich innerlich von dem sie bindenden Schuldkomplex und dem Loyalitätskonflikt lösen und äußerlich von den Eltern abgrenzen lernte. Dazu brauchte sie neben anderen psychischen Faktoren ihre ganzen aggressiven Energien, durch die ihr die notwendige Kraft, der Mut und die Durchsetzungsfähigkeit zuflössen. Je entschiedener sie sich verweigerte und ihrer Entmündigung durch eine konfrontative Auseinandersetzung mit den Eltern entzog, umso mehr war die Mutter in der Lage, sich selbst zu versorgen, und der Vater bereit, seine Tochter freizugeben. Auf ihren Druck hin übernahmen er und die weitere Verwandtschaft zunehmend mehr Verantwortung für die Mutter, sodass Frau L. ihre Kontakte zu beiden Eltern auf die notwendigsten Anlässe einschränken konnte.

Ein Jahr nach Beginn der Therapie begann sie ihr lang ersehntes Studium der Germanistik, schloss es erfolgreich ab und fand eine feste Anstellung in einer Zeitungsredaktion. Nach mehreren Partnererfahrungen traf sie gegen Ende des ersten Therapieabschnitts auf den Mann, mit dem sie zusammenleben wollte.

Die Katamnese in Form eines langen Telefongesprächs fand vier Jahre nach Beendigung der Gesamtbehandlung statt. Frau L. hatte inzwischen den letzten Freund geheiratet, ein Kind bekommen, über das sie sehr glücklich war, und einen großen Freundeskreis um sich geschart. Den Kontakt zu den Eltern unterhielt sie weiterhin in einem regelmäßigen, angemessen distanzierten Rhythmus. Die Mutter war ohne Medikamente oder Klinikaufenthalte in ihrer psychotischen Wahnbildung erstaunlich konstant geblieben und konnte sich selbstständig versorgen. Mit ihrer Berufssituation war Frau L. sehr ausgefüllt. Sie fühlte sich insgesamt psychisch stabil und Konfliktsituationen gut gewachsen, auch wenn sie zwischenzeitlich immer mal wieder kleinere Einbrüche in ihrer Stimmung und in ihrem Selbstwertgefühl erlitt. Scherzhaft fragte ich sie bei dieser Gelegenheit, wie viele Packungen Tempotaschentücher sie pro Tag oder pro Woche verbrauche. »Tempotaschentücher?«, fragte sie zurück, »was ist das?«

»Sie sehen, ich bin ganz schön erwachsen geworden«, sagte sie fröhlich am Schluss des Gesprächs und fügte etwas kokett hinzu: »Aber wem ich das zu verdanken habe, verrate ich Ihnen nicht.« Dieser Verlauf klingt fast wie ein Märchen. Leider muss ich einräumen, dass nicht alle Behandlungen wie im Märchen enden. Aber es gibt sie auch in der therapeutischen Realität. Daraus ziehen Therapeuten den Lustgewinn, ohne den ihre Arbeit der Mühe des Sisyphos gleichkäme. Und solche Märchen geben ihm die Berechtigung, junge Menschen zu dem Weg durch den Zauberwald einer Psychotherapie zu ermutigen.

3. Konfrontation und Deutung

Bevor der Weg glücklich enden kann, müssen Patienten allerdings die Begegnung mit allerlei bösen Geistern aushalten. Es sind in erster Linie die dunkeln Mächte in uns, die unser Fühlen, Denken und Handeln beherrschen und uns daran hindern, wie es Freud nannte, »Herr im eigenen Haus« zu sein. Egoismus, Bosheit, Neid, Zerstörungslust, sexuelle Obsessionen, Rivalität, Missgunst, Eifersucht, Betrug, Lüge und Verrat gehören zu den Schattenseiten unserer Natur. Sie machen uns selbst unglücklich, weil sie Unglück in unsere Beziehungen zu anderen Menschen und zur Welt bringen.

Aufgabe der Psychotherapie ist es, dem Patienten diese bösen Anteile in ihm bewusst zu machen, soweit er sie verdrängt hat.

Dort, wo er sie selbst kennt, aber öffentlich sorgsam zu verbergen sucht und sie verleugnet, soll die Therapie ihm einen Raum des Vertrauens und der Diskretion anbieten, in dem er sie offen legen kann.

Zur Unterscheidung zwischen Verdrängung und Verleugnung sei hier kurz erklärt: Bei der Verdrängung wird die Einheit von Handeln, begleitendem Affekt und Erinnerung vollständig aus dem Bewusstsein gelöscht und ins Unterbewusstsein abgedrängt. Dieser Abwehrmechanismus kommt dem am nächsten, was man im allgemeinen Sprachgebrauch als Vergessen bezeichnet. Bei der Verleugnung dagegen bleibt das Bewusstsein für die Handlung und die Erinnerung an sie erhalten, während der Affekt abgespalten wird. Durch diesen Mechanismus wird man also gefühllos gegenüber dem eigenen Handeln. Sowohl bei der Aufhebung der Verdrängung als auch bei der Auflösung der Verleugnung muss der Patient gegen seine Schamschranken ankämpfen, die Ängste vor seinen Dämonen aushalten und die Schuldgefühle ertragen, zu denen ihn sein Gewissen, das so genannte Über-Ich der Psychoanalyse, verdammt. Ohne diesen Prozess der Selbstkonfrontation und Selbstaufklärung sind die Dämonen nicht zu bändigen. Sie speisen sich aus den unerschöpflichen Quellen in den Tiefen unserer Person, die die Psychoanalyse als unser Unbewusstes oder als das Es bezeichnet. Ziel der Therapie ist es, dessen ungeordnete Kräfte unserem Ich zuzuführen. Das Ich bezeichnet die vernünftige und triebsteuernde Instanz innerhalb unserer psychischen Struktur. Freud fasste diesen produktiven Umwandlungsprozess in die schlüssige Formel: »Wo Es war, soll Ich werden.«

Neben den inneren bösen Geistern gibt es die äußeren. Es sind die Personen unserer Kindheit, die in der Realität oder in unserer Fantasie und Wahrnehmung diese Gestalt angenommen haben. Eltern, Großeltern, Geschwister, Erzieher, Lehrer und andere wichtige Beziehungspersonen können noch bis heute ihren unentrinnbaren Schatten über uns werfen. Es sind aber auch die Menschen aus unserem späteren Leben – Arbeitskollegen, Vorgesetzte, Freunde oder Liebespartner –, die uns enttäuscht oder die wir enttäuscht haben, die uns oder denen wir das Leben zur Hölle gemacht haben. Auch wenn der Kontakt zu ihnen längst abgebrochen ist, verfolgen sie uns innerlich weiter mit ihren Demütigungen, ihrer Verachtung, ihrer Untreue. Oder sie klopfen an unsere Gewissenstür und klagen uns an für das, was wir ihnen angetan oder an ihnen versäumt haben.

Heranwachsende und junge Erwachsene – das ist ihr Glück, aber auch ihre Last – verfügen noch nicht in gleicher Perfektion über die Verdrängungs- und Verstellungskünste von Erwachsenen. Die Masken, mit denen sie ihr wahres Antlitz verhüllen, bestehen noch nicht aus Eisen, sondern aus einem fast durchsichtigen Pergament. Sie leiden unter den anderen ebenso wie an sich selbst. Wegen ihrer noch flexiblen Abwehrstruktur gelangt die Therapie leichter bis in die tieferen Schichten ihres Erlebens und ihrer verdrängten Erfahrungen.

Für die Psychoanalyse gilt die bekannte Regel »Erinnern, wiederholen, durcharbeiten«. Sie macht deutlich, wie mühsam und langwierig diese Therapieform mit Erwachsenen sein kann. Bis die Abwehr sich auflockert und der Patient etwas von seinem »dunklen Kontinent«, wie Freud das Unbewusste einmal bezeichnete, preisgibt, muss oft schweres Baugerät aufgefahren werden, um die Mauern einzureißen, die er um sich errichtet hat. Junge Menschen sind in der Regel selbstkritischer, offener und bereiter für Veränderungen. Deswegen erscheint mir die tiefenpsychologische Therapie in diesem Alter der geeignete Zeitpunkt und enthält die Chance einer rechtzeitigen Prävention von später nur noch schwer auflösbaren Verkrustungen. Patienten, die in diesem Zeitraum eine Therapie gemacht haben, scheinen für den Umgang mit künftigen Konflikten besser gerüstet und deswegen psychisch weniger krankheitsanfällig zu sein. Ein weiterer Vorteil besteht für sie auch darin, dass sie ihre bis dahin brachliegenden Ressourcen und die günstigen Lebensumstände, auf die sie fortan treffen, durch ihre therapeutischen Erfahrungen produktiver für ihre Weiterentwicklung nutzen können.

Wie verfährt nun die tiefenpsychologische Methode mit den inneren und äußeren Geistern, von denen Jungerwachsene heimgesucht werden? Im Unterschied zur Psychoanalyse mit ihrer Regel »Erinnern, wiederholen, durcharbeiten« lässt sich der Grundsatz der Psychotherapie auf die Formel bringen: »Konfrontation und Deutung«. Da diese Therapieform auf das Hier und Jetzt konzentriert ist und Kindheitserfahrungen nur zum Verständnis aktueller Konflikte einbezieht, spielt in ihr statt häufiger »Wiederholungen« die Konfrontation und ihre schnelle Koppelung an eine Deutung eine methodisch entscheidende Rolle.

Am Beispiel: Ein 28-jähriger Informatiker, der wegen allgemeiner Kontaktschwierigkeiten, dauerhafter Partnerprobleme und Ängsten vor Frauen zur Therapie kam, kennt seit kurzem Nathalie, die sich eine enge Beziehung mit ihm wünscht. In der vierzigsten Stunde berichtet er zum ersten Mal von einer verheirateten Freundin, die ihn seit zwei Jahren in regelmäßigen Abständen zu dem alleinigen Zweck der sexuellen Befriedigung besucht. Das Besondere an der Situation ist, dass die beiden nicht miteinander schlafen, die Frau auch selbst nicht befriedigt werden möchte, sondern nur auf die abstrusen Sexualpraktiken und -wünsche des Patienten eingeht. Nach der Schilderung dieses Verhältnisses sagt der Patient: »Deswegen kann ich mit Nathalie gar keine Dauerbindung eingehen, weil ich genau weiß, dass ich auf dieses Spiel mit der anderen Freundin nie verzichten könnte.«

»Sie stehen also zu Ihren egoistischen Bedürfnissen«, sage ich und füge hinzu: »Offenbar brauchen Sie das Gefühl der Macht über die Frau und ihre blinde und demütigende Unterwerfung.«

Der erste Teil meiner Bemerkung stellt eine Konfrontation des Patienten mit seinem Egoismus dar, mit einer Realität, die ihm in dieser Schärfe bisher nicht bewusst war. Im zweiten Teil deute ich seine unbewussten Bedürfnisse nach Macht und Erniedrigung von Frauen, worin er selbst bisher nur ein »Spiel« sehen konnte.

Konfrontation beabsichtigt also die Verdeutlichung einer Realität, die der Patient bisher unter Abspaltung seiner Gefühle verleugnet hat. Einen Patienten, der vor dem Examen steht, vor ihm Angst hat, aber nichts dafür tut, konfrontiere ich beispielsweise mit der Bemerkung: »Sie halten offenbar die Prüfer für einfältige Trottel, wenn Sie denken, Sie könnten ohne Arbeit ein Examen bestehen.« Bei einer Patientin, die ihren Partner ständig kritisiert und beschimpft, sich aber darüber wundert, warum er nicht zärtlicher zu ihr ist, könnte eine Konfrontation lauten: »Sie sind ein

Herzchen! Würden Sie jemanden küssen, der Ihnen gerade vors Schienbein getreten hat?«

Konfrontationen dieser Art können bei jungen Erwachsenen von äußerst heilsamer Wirkung sein, weil in dieser Altersphase der Realitätssinn oft noch zu wünschen übrig lässt. Außerdem reagieren diese Patienten in der Regel weniger empfindlich und gekränkt auf solche Herausforderungen als Erwachsene. Schließlich gehen sie in ihren peer-groups noch offener mit der Wahrheit um und sind leichte Anfrotzeleien gewöhnt, die ihnen die Augen öffnen sollen.

Im Unterschied zur Konfrontation zielen Deutungen auf die unbewussten Trieb-, Bedürfnis- und Gefühlsbereiche. Sie sind es, die die Geister aus ihren dunklen Nischen hervorzerren und beim Namen nennen. Auch Deutungen kann man bei jungen Erwachsenen wegen ihrer noch lockeren Abwehrstruktur direkter, offensiver und mit schnellerem Erfolg einsetzen als bei Erwachsenen. So zögere ich nicht, einen Patienten, dessen Beziehung zum Vater durch ständigen Protest, Verweigerung und Provokationen gekennzeichnet ist, zu fragen: »Würden Sie Ihren Vater nicht einfach gerne mal umbringen?«

Die Formulierung ist so gehalten, dass sie den Tötungsimpuls zu einem witzigen und anekdotischen Ereignis macht. Diese Metaphorik schwächt die Angst des Patienten ab. Gleichzeitig erfasst die als Frage formulierte Deutung aber die Ernsthaftigkeit und Intensität der aggressiven Impulse gegen den Vater.

Deutungen mobilisieren also die verdrängte Impulswelt, heben sie ins Bewusstsein und fordern den Patienten heraus, ihnen intensiver nachzuforschen. Damit bekommen sie eine befreiende, eine kathartische Wirkung. Denn Wünsche und Impulse, die nicht mehr im Untergrund ihr Unwesen treiben und zu unerklärlichen seelischen Spannungszuständen und Dauerkonflikten mit der Umwelt führen, verlieren durch die Bewusstmachung ihre unheimliche und ungreifbare Macht. Oder, um im Eingangsbild des Zauberwaldes zu bleiben: vor Geistern, deren Spuk man erkannt hat, muss man sich nicht mehr gruseln. Durch Konfrontation und Deutung lässt sich ihr magischer Einfluss entzaubern.

Es gehört zu einer verbreiteten psychoanalytischen Lehrmeinung, dass man Deutungen mit Vorsicht einsetzen sollte. Dies trifft nach meiner Erfahrung, wie bereits begründet, für junge Erwachsene nur begrenzt zu. Dabei sollte jeder Therapeut auch für sich reflektieren, was ihn persönlich zu dieser Vorsicht bewegt und vor welchen Tabus und dem unbefangenen Umgang mit ihnen er zurückschreckt.

Ein besonders hervorstechendes Beispiel für solche Tabus ist das Thema Sexualität. Ich bin nach vielen Erfahrungen immer wieder überrascht, wie durchgängig dieses Tabu in allen Heilberufen, Psychotherapeuten eingeschlossen, anzutreffen ist. Grade in diesen Berufsgruppen sollte man eine größtmögliche Offenheit bei Fragen der Sexualität erwarten, zumal diese bei den meisten Patientengruppen, und nicht nur bei ihnen, von existenzieller Bedeutung ist. Aus der bisherigen Darstellung ist sicher deutlich geworden, wie stark und aus welchen Gründen dieses Thema besonders junge Erwachsene betrifft und wie sehr es sie häufig bedrängt. Wer daher als Therapeut dieser Patientengruppe nicht über eine genügende Freiheit im Umgang mit sexuellen Fragen verfügt, wird hier sehr schnell an die Grenzen der Therapie stoßen.

Eine zu große Vorsicht in der Deutungsarbeit lässt sich auch deswegen nicht begründen, weil sie oftmals mit einer unangebrachten Schonhaltung dem Patienten gegenüber verbunden ist, die ihm wenig nützt. Dabei wird auch übersehen, was Menschen in einer für gewöhnlich sehr viel weniger wohlwollenden Atmosphäre seit ihrer Kindheit von Erwachsenen an »Konfrontation« und »Deutungen« an den Kopf geschmissen bekommen. Es sind oft unfassbare Zumutungen, die Kinder und Jugendliche dabei ertragen und überleben müssen. Dagegen ist die Therapie geradezu ein Bad im warmen Wasser.

Deswegen gehe ich bei jungen Erwachsenen in der Deutung nicht nur ihrer inneren, sondern auch ihrer äußeren Geister offensiver vor, als es zum Beispiel in der Therapie von Kindern und Jugendlichen angebracht ist. Diese sind innerlich und äußerlich noch in weitem Maß von ihren Eltern abhängig und ihnen loyal verbunden. Jede kritische Auseinandersetzung mit ihrer Person verletzt das kindliche Loyalitätsgefühl und wird als Verrat erlebt. Deswegen ist die Therapie in diesen Altersstufen in der

Regel schwieriger als mit Heranwachsenden und jungen Erwachsenen. Sie sind in ihrer Ablösung weiter fortgeschritten oder begreifen sie als notwendigen Entwicklungsschritt.

Trotzdem erweist sich auch bei ihnen die Bindung häufig noch als äußerst zäh und, wie die erste Behandlungsstunde mit Frau L. gezeigt hat, als entwicklungshemmend. In dieser Situation muss der Therapeut seine Deutungskunst so beherrschen, dass er die Befreiung des Patienten vorantreibt, ohne gleichzeitig die Eltern und die Beziehung zu ihnen zu zerstören. Sein Ziel bleibt dabei immer die endliche Versöhnung, bei der sich Eltern und Patient auf einer autonomen Stufe wechselseitiger Akzeptanz neu begegnen können.

Aber um dieses Ziel zu erreichen, muss er zunächst die Geister deuten, zu denen der realitätsverzerrende Blick des Patienten die Eltern umgedeutet hat. Es ist eine häufige Erfahrung, dass Patienten zu einer Spaltung ihrer Wahrnehmung neigen. Entweder werden beide Eltern oder ein Elternteil grenzenlos idealisiert oder sie verfallen einer radikalen Abwertung. Die Regel ist aber die Aufspaltung der Eltern in einen absolut guten und in einen absolut bösen Teil. Natürlich tragen die Eltern meistens durch ihr Verhalten zu dieser Aufteilung bei. Aber erst der durch eigene Gefühlskrisen getrübte Blick des Patienten macht aus ihnen gute oder böse Geister, die es zu entzaubern und der Realität zurückzugeben gilt.

Am Beispiel: Eine 23-jährige Patientin vergöttert ihren Vater, während sie an ihrer Mutter kein gutes Haar lässt. Sie nennt sie nur die »Hexe«. Es handelt sich um eine typisch ödipale Situation. In der griechischen Sage wurde Ödipus als unerwünschter Säugling von seinen Eltern Laios und Jokaste im Gebirge ausgesetzt. Um ihn vor dem Tod zu bewahren, gibt ihn ein Hirte zu Pflegeeltern. Als erwachsener Mann kehrt er in seine Heimat zurück, bekommt auf dem Weg dorthin einen Streit mit einem älteren Mann, den er erschlägt, nicht wissend, dass er sein Vater war. In der Stadt seiner Eltern heiratet er die verwitwete Frau des Laios und ahnt nicht, dass es seine Mutter Jokaste ist.

Aus dieser Tragödie formulierte Freud den bekannten »Ödipuskomplex«, der die Liebe des Kindes zu dem gegengeschlechtlichen Elternteil meint.

Eigentlich sollte meine Patientin ihren Ödipuskomlex dem Alter entsprechend längst bewältigt und zu beiden Eltern ein ausgeglichenes und erwachsenes Verhältnis entwickelt haben. Aber das ist die Theorie. In der Praxis können ödipale Verstrickungen häufig bis weit ins Erwachsenenalter reichen.

In einer Stunde erzählt die Patientin von einem Konzertbesuch mit ihrer Mutter, den sie wegen ständiger Streitereien zuerst ausschlagen wollte. Aber während sie die Musik hörten, habe sie sich der Mutter plötzlich sehr nahe gefühlt.

»Die Hexe scheint doch nicht so lieblos und grausam zu sein, wie Sie sie immer erlebten.« Auf diese Konfrontation reagiert die Patienten zuerst abwehrend: »Ein Konzertbesuch macht noch keinen Frühling«. – »Aber er könnte vielleicht längst ausgebrochen sein, wenn Sie den Annäherungen der Mutter bisher nicht immer ausgewichen wären. Vielleicht lässt Ihre Liebe zum Vater das gar nicht zu.«

Mit dieser Deutung verknüpfe ich ihre gegensätzlichen Gefühlseinstellungen zu beiden Eltern. Dies war der Anfang einer vertieften Auseinandersetzung mit ihren verzerrten Elternbildern, die eine kritische, aber gerechte und realitätskonforme Wandlung zu beiden einleitete.

Konfrontation und Deutung begleiten den gesamten Fortgang der Behandlung. Sie sind die beiden wesentlichen Mittel tiefenpsychologischer Therapie, mit denen Unbewusstes aufgedeckt und der bewussten Verarbeitung zugänglich wird.

4. Ermutigung, Bestätigung und Verstärkung

Neben Konfrontation und Deutung tragen zahlreiche andere Elemente zum therapeutischen Geschehen bei. Die drei folgenden gehören unmittelbar zusammen und bilden eine klassische Ergänzungsreihe. Ermutigung, Bestätigung und Verstärkung bilden bereits zentrale Grundkategorien in der frühkindlichen Sozialisation. Es sind die drei systematisch aufeinander aufbauenden Schritte im Erziehungsprozess. Ihre praktische Umsetzung verläuft allerdings fließend, da sie von den Eltern nicht bewusst, sondern, unter der Voraussetzung einer empathischen Beziehung zum Kind, instinktiv eingesetzt werden.

Ermutigung stellt eine von Einfühlung getragene Grundhaltung dar, in der sich das Kind in seiner schrittweisen Erkundung der Welt anerkannt und gespiegelt fühlt – durch einen Blick, ein Lächeln, ein Wort. Nur mit dieser Basiserfahrung wird es den Mut entwickeln, immer neue Angstschwellen zu überschreiten. Auf der Ermutigung aufbauend, braucht das Kind die Bestätigung, dass sein Handeln mit Freude akzeptiert wird, das heißt richtig und gut ist. Und schließlich dient die Verstärkung dazu, für das Kind die positiven Erfahrungen, seine Fähigkeiten und Erfolge zu festigen und es bei seinen neuen Entwicklungsschritten mit einem starken Selbstvertrauen auszustatten. In ihrer Summe dienen also Ermutigung, Bestätigung und Verstärkung ab dem Säuglings- und Kleinkindalter für jeden Menschen dazu, ein Selbstbild in sich zu errichten, das durch ein stabiles Selbstwertgefühl geprägt wird.

Man sollte annehmen, dass jedes Kind von seinen Eltern oder anderen Erziehungspersonen bei diesen Schritten zur Selbstfindung in ausreichender Weise unterstützt wird. Wir wissen aber, dass diese Annahme, auch wenn sie auf einem universalen Menschenrecht gründet, für einen Großteil der nachwachsenden Generationen eine Illusion ist.

Die tiefenpsychologische Psychotherapie greift nun, direkter und systematischer als es die Psychoanalyse tut, auf diese Mittel elementarer Sozialisation zurück. Dabei trifft der Therapeut besonders bei jungen Erwachsenen auf zwei empfindliche Stellen ihres Selbstgefühls, denen er sich mit der notwendigen Sensibilität nähern muss. Erstens wollen Patienten dieses Alters trotz all ihrer Probleme wenigstens nach außen hin ihre Selbstständigkeit behaupten und sich vom Zuspruch anderer unabhängig machen. Zweitens haben sie oft bis zum Überdruss die zahllosen, meist mit Ermahnungen und Vorwürfen unterfütterten Ratschläge der Eltern erfahren, mit denen diese ihre halb erwachsenen Kinder ermutigen wollen. Oft handeln sie dabei aus Hilflosigkeit. Außerdem wissen sie oft nicht mehr viel über ihre Kinder, weil diese sich zunehmend mehr abkapseln. So geraten die Ratschläge nach dem Motto »Ratschläge sind auch Schläge« häufig zu unpersönlichen, holzhammerähnlichen oder schulterklopfenden Schlagworten: »Nimm's nicht so tragisch!«, »Es wird schon werden!«, »Du schaffst das schon!«, »Reiß' dich ein bisschen zusammen!«, »Kopf hoch!«, »Nur so weiter!«

Solche und andere Bemerkungen drücken unterschwellig aus, dass die Eltern ihre Hoffnung fast schon verloren haben und kurz davor sind, zu verzweifeln. Der Therapeut muss daher nicht nur solche formelhaften Leersätze vermeiden, sondern durch wirkliches Interesse und durch Vertrauen auf seine Entwicklungsmöglichkeiten andere Wege der Ermutigung, Bestätigung und Verstärkung des Patienten suchen. Dabei hat er es insofern leichter als die Eltern, weil er mehr über die psychischen Hintergründe der Konflikte weiß und sich in den Geheimnissen des Unbewussten besser auskennt.

Zur Veranschaulichung wähle ich ein etwas ausführlicheres Beispiel.

Frau A. war 26 Jahre, als sie zur Therapie kam. Sie wirkte mit ihrem schmalen, blassen Gesichtchen wie siebzehn. Sie trug einen ausgefransten, durchlöcherten Rollkragenpullover über Jeans, die sie aus irgendeiner Mülltonne gefischt zu haben schien. Ihr ungepflegtes Haar hing zottelig über ihre Schultern. Sie war verzweifelt, weil ihr Rektor ihr angedroht hatte, dass sie auch die Wiederholungsprüfung ihres Referendariats als Grundschullehrerin nicht schaffen werde. Als Hauptgrund ihres Scheiterns stellte sich ihre völlige Unfähigkeit heraus, die Schüler auch nur zu einem halbwegs disziplinierten Lernen anzuhalten. Stattdessen sprangen sie lärmend über Tisch und Bänke und beschimpften sie als »blöde Sau!«. Aber auch in Prüfungssituationen entwickelte Frau A. panische Ängste. Sie wirkte wie ein Häuflein Elend, das man vor Mitleid ständig hätte trösten können. Aber Mitleid und Trost, das hörten wir schon, beruhigen zwar die Seele, aktivieren jedoch noch nicht ihre Kräfte. Dennoch war schnell deutlich, dass Frau A. neben Konfrontation und Deutung ein gehöriges Maß an Ermutigung, Bestätigung und Verstärkung brauchte, um sie möglichst bald aus ihrer Notlage zu befreien.

»Das sieht ja wirklich ziemlich aussichtslos aus«, beginne ich den folgenden Dialog in einer Stunde, in der sie zum wiederholten Male einige Szenen aus ihrem Schulalltag geschildert hatte. »Ja, das ist es auch«, antwortet sie resigniert.

Auf diese passive Reaktion hätte ich, um die vergebliche Provokation in meiner ersten Bemerkung zu steigern, eine paradoxe Intervention folgen lassen können, etwa: »Sie scheinen für den Schuldienst absolut ungeeignet zu sein.« Solche paradoxen Interventionen sollen durch ihren provozierenden Charakter eine trotzige Gegenreaktion als Zeichen eines ersten aufkeimenden Widerstandes hervorrufen. Dazu war es aber bei Frau A. zu früh. Sie hätte sich tief gekränkt hinter ihrer regressiven Abwehr verschanzt. Sie brauchte noch die elementaren Formen einer aktiven Zuwendung. Deswegen sage ich stattdessen:

»Frau A., Sie fühlen sich häufig noch wie ein Kind, das sich gar nichts zutraut und deswegen auch keinen Anspruch auf Autorität erheben kann. Sie kommen mir manchmal vor wie Pippi Langstrumpf, die am liebsten selbst noch mit den Kindern über den Hof toben und die Lehrer ärgern würde.«

»Stimmt genau!«, sagt Frau A. überrascht, »dasselbe habe ich auch schon oft gedacht. Aber wie haben Sie das erraten?«

»So, wie Sie sich anziehen und im Unterschied zu anderen Frauen auf jedes Make-up verzichten, war das nicht schwer. Kindsein ist manchmal ja auch viel lustiger, als die Rolle einer strengen Lehrerin zu spielen.« – »Und wie komme ich da raus?«

»Vielleicht lässt sich ein Kompromiss finden. Sie lieben doch Märchen, erfinden selbst gerne Geschichten und verfügen über viel Fantasie. Erinnern Sie sich an die Stunde, in der Sie mir eine dieser Geschichten erzählt haben und ich so herzlich lachen musste?« – »Ja, das war schön.«

»Haben Sie es schon mal in der Klasse versucht?«

»Nein, noch nie! Was würde der Rektor sagen? Ich muss mich doch streng an den Lehrplan halten.«

»Aber vielleicht werden die Kinder ruhiger und lernen besser, wenn Sie ihnen vorher ein Märchen oder eine Ihrer fantasievollen Geschichten erzählt haben.«

Zur nächsten Stunde erscheint Frau A. geschminkt und in einem geschmackvollen Kleid. Sie war beim Friseur und sieht um mehrere Jahre reifer aus.

»Meine Güte!«, sage ich lachend, »was ist denn mit Ihnen passiert?«

»Sie kennen doch sicher den Spruch: ›Unmögliches wird sofort erledigt, Wunder dauern etwas länger‹?«

»Ja, den kenne ich. Solche optimistischen Sätze machen richtig Lust, selbst etwas Unmögliches zu versuchen.«

»Das dachte ich auch nach der letzten Stunde. Als ich auf die Straße trat, hatte ich das Gefühl, alle Leute schauen mich missbilligend an und gehen mir aus dem Weg. Zu Hause habe ich mich vor den Spiegel gestellt. Ich erschrak über den Anblick und bekam plötzlich einen Heulanfall wie schon lange nicht mehr. Warum musste ich mich immer so hässlich und klein machen? Voll Wut nahm ich eine Schere und schnitt mir die fransigen Haare ab. Danach riss ich mir die Klamotten vom Leib, suchte mein letztes Geld zusammen, um zuerst zum Friseur und danach zu Karstadt zu gehen. Ich weiß nicht, vor wie vielen Jahren ich mir das letzte Kleid gekauft habe.«

»Es steht Ihnen sehr gut!«

»Warten Sie, das Wunder geht noch weiter. Am nächsten Morgen kam ich in die Klasse. Die Kinder blieben ruhig auf ihren Plätzen sitzen und starrten mich an. ›Wie schön Du bist!‹, rief ein Mädchen und die anderen stimmten zu. ›Ab heute wird alles ganz anders!‹, sagte ich mit fester Stimme, ›ich werde euch am Beginn jeder Stunde ein Märchen vorlesen oder eine Geschichte erzählen, danach lernen wir ein bisschen.‹ Ich las ihnen von Andersen ›Das kleine Mädchen mit den Schwefelhölzchen‹ vor. Sicher kennen Sie diese traurig-schöne Geschichte. Danach saßen die Kinder nachdenklich in ihren Bänken, einige verdrückten ein paar Tränen. In dem Moment kam der Rektor rein, wie so oft in letzter Zeit, wenn der Krach durchs ganze Schulgebäude tönte. ›Entschuldigung‹, sagte er höflich, ›ich dachte, die Klasse ist ausgeflogen, es war so ungewohnt still.‹ ›Nein, wir machen gerade Rechenaufgaben‹, antwortete ich. ›Dann will ich nicht weiter stören.‹ Als er gegangen war, brach die Klasse in ein prustendes Lachen aus. Dann haben wir bis zum Schluss der Stunde lesen geübt.«

»Frau A., Sie sind wirklich ein Genie«, sage ich scherzend, »ich bin völlig platt!«

»Ich hab' mich selbst gewundert, aber so sind Wunder nun mal.« – »Ihr Sinn für Sprachwitz ist mir schon bei Ihrer damaligen Geschichte aufgefallen, aber wie viel Humor in Ihnen steckt, wird mir erst allmählich deutlich. Haben Sie Ihre Geschichten übrigens schon mal aufgeschrieben?«

»Nein, noch nie. Ich hielt sie immer für untauglich.« – »Untauglich für wen? Frau A. stockt. »Ja, für wen eigentlich?«

Ich vermutete hinter ihrer Unklarheit die noch unbewusste grandiose Fantasie, die Geschichten zu veröffentlichen. Aber diese narzisstische Vorstellung musste sie aus Schamgefühlen noch abwehren. Statt sie zu deuten, antworte ich deswegen in lockerem Ton auf ihre Frage:

»Na, für Sie selbst natürlich und vielleicht für die Schüler, denen Sie sie dann vorlesen können. Ich stelle mir vor, dass es Ihnen einfach Spaß macht, die Geschichten auch aufzuschreiben.«

Ich breche hier die Schilderung des weiteren Stundenverlaufs in der Hoffnung ab, den Leser in das atmosphärische Klima eingeführt zu haben, in dem die drei Behandlungskomponenten von Ermutigung, Bestätigung und Verstärkung zur Wirkung kommen. Sie müssen wie selbstverständlich und natürlich in den Fluss des Dialogs eingeflochten sein. Dabei sollten sie das Kunststück vollbringen, das Wesen des Patienten in seiner Tiefendimension zu erfassen, um seine verborgenen Talente und Stärken aus dem Verborgenen hervorlocken zu können. Gleichzeitig muss der Therapeut verstehen, an welchem Punkt seiner Entwicklung der Patient steht, und was gerade von wichtigster Bedeutung für ihn ist. Wenn dies gelingt, findet auch Wachstum statt. Es ist wie damals, als die Mutter die Neugier, die Schärfung der Sinneswahrnehmung und die Einübung der Motorik ihres Kindes stimulierte, indem sie ihm ein Knautschtier, ein Glöckchen oder eine bunte Rassel hinhielt und seine Freude und Erregung durch Streicheln, sanfte Worte und ihr Lächeln weiter verstärkte.

5. Der Umgang mit Träumen

»Via regia«, den Königsweg zum Unbewussten nannte Freud die Träume. Sein im Jahr 1900 erschienenes Hauptwerk »Die Traumdeutung« gilt als Beginn der Psychoanalyse. In dem Buch entwickelte Freud die Theorie, dass im Traum wie in keinem anderen Bereich der Seelentätigkeit die ursprünglichen Kräfte des Unbewussten wie auch alle späteren verdrängten Erfahrungen und Erinnerungen gespeichert sind.

Aus diesem Grund spielt in einer langjährigen psychoanalytischen Behandlung die Bearbeitung der Träume bis heute eine zentrale Rolle. Entscheidend sind dabei die Einfälle, Erinnerungen und Assoziationen, die der Patient zum Traumgeschehen oder zu einzelnen Traumdetails produziert. Durch die sorgfältige Analyse der Träume lassen sich sowohl prägende Erfahrungen der Kindheit rekonstruieren als auch die unbewusste Dynamik eines aktuellen Konfliktes entschlüsseln. Die faszinierende Arbeit mit dem umfangreichen Traummaterial eines Patienten hat nur einen Nachteil – sie ist sehr langwierig und nimmt daher einen breiten Raum während der gesamten Behandlung ein. Nach meinen persönlichen Erfahrungen in zahlreichen langjährigen Analysen steht dabei, der Zeit- und Kostenaufwand leider in keinem angemessenen Verhältnis zum therapeutischen Gewinn.

Aus diesem Grund wird in der tiefenpsychologischen Psychotherapie weitgehend auf die Arbeit an Träumen verzichtet. Das bedeutet nicht, dass sie in ihr keine Rolle spielen. Bei diesem Verfahren erfüllen sie hauptsächlich zwei Funktionen – erstens die Sensibilisierung des Patienten für sein Unbewusstes und zweitens die Verfeinerung der diagnostischen Einblicke für den Therapeuten.

Ad 1: Die meisten Menschen schenken ihren Träumen wenig Beachtung. Entweder sie vergessen sie kurz nach dem Aufwachen oder sie sind der Meinung, nie oder nur selten zu träumen. Die moderne Traumforschung hat dagegen nachgewiesen, dass jeder Mensch pro Nacht mehrere Traumzyklen durchläuft. Um den Patienten für seine Träume zu sensibilisieren, empfiehlt man ihm zu Beginn der Behandlung, sich seine Träume zu merken und aufzuschreiben. Allein dieser Hinweis wirkt oft Wunder. Die meisten Patienten, die glaubten, »nie« zu träumen, bringen bereits zur nächsten Stunde einen oder mehrere Träume mit. Der Wille und die Konzentration, sein Augenmerk stärker auf sein Unbewusstes zu lenken, erleichtern dem Patienten das Behalten der Träume.

Ein 23-jähriger Patient erzählt als ersten Traum während der Behandlung: »Ich ging in der Dämmerung allein durch eine Schlucht. Ein Gewitter zog auf, es donnerte und blitzte. Plötzlich kamen von rechts und links den Berg herunter dutzende kleiner Tiere auf mich zugesprungen, irgendwelche Nagetiere, die ich mit den Füßen verscheuchen konnte. Aber als ich weiterging, wurden es immer mehr, jetzt waren es kleine Raubkatzen. Ich bekam panische Angst. Ich schrie, um sie zu verscheuchen, und rannte, so schnell ich konnte, weiter. Am Ausgang der Schlucht stand ein Mann mit einem weiten Kapuzenmantel. Als er ihn breit öffnete, ließen die Tiere von mir ab und verschwanden im Wald.«

In einer Langzeitanalyse hätte die Arbeit an diesem komplexen Traum mit allen Einfällen und Assoziationen des Patienten wenigstens eine Stunde in Anspruch genommen. Ich sage stattdessen nur: »Da ist ja einiges los. Haben Sie eine Idee, was der Traum bedeuten könnte?«

»Ich habe keine Ahnung«, antwortet der Patient, »aber er ist mir ganz schön in die Glieder gefahren.«

Auf meine ergänzende Frage, ob gestern etwas Besonderes los gewesen sei, erzählt er ohne Bezug zum Traum von einem Disko-Besuch mit Freunden. Es habe Streit mit einer anderen Clique gegeben, der aber kurz vor einer Schlägerei friedlich endete.

»Na ja«, sage ich, »dann könnte es ja sein, dass sich die Typen nachts in ganz schön aggressive Tierchen verwandelt haben. Aber vielleicht treiben in Ihnen selbst einige Wildkatzen ihr Unwesen und machen Ihnen ganz schön Angst.«

»Hört sich lustig an«, meint der Patient und kommt dann auf einen Besuch bei seinen Eltern am letzten Wochenende zu sprechen, bei dem er sich maßlos gelangweilt habe, ohne etwas Kritisches sagen zu können. Ich bleibe mit ihm bei diesem Thema, ohne auf den Traum zurückzukommen. Ich bin zufrieden, weil der Patient, der vorher seine Träume nicht behalten konnte, mit diesem Traum den Königsweg in sein Unbewusstes beschritten hat. Damit überzeugt er mich davon, dass sein Unbewusstes anfängt, sich langsam mit unerwartet produktiver Energie durch die Verdrängungsschichten bis an die Oberfläche seines Bewusstseins vorzuarbeiten. Meine Bemerkungen sollen diesen Prozess lediglich vorantreiben.

Ad 2: Was verrät der Traum dem Therapeuten? Der Patient ist ein recht schüchterner und gehemmter junger Mann, der sich seinen Eltern, Freunden und anderen Personen gegenüber kaum traut, seine Meinung zu sagen, geschweige denn, seine Interessen durchzusetzen. Der Traum enthüllt auf der symbolischen Ebene in plastischen Bildern zwei seiner Seiten, die mir bis dahin in dieser Deutlichkeit unklar geblieben waren. Dazu muss man wissen, dass es zum Verständnis eines Traums gehört, diesen gleichzeitig auf zwei unbewussten Ebenen zu lesen, einer subjektiven und einer objektiven. Die subjektbezogene Ebene betrifft die inneren Vorgänge des Patienten selbst, die objektbezogene seine Wahrnehmung der Außenwelt.

Wenn man zunächst den subjektiven Anteil des Traumes betrachtet, so stellen die gefräßigen und angreifenden Tiere Metaphern für die persönlichen Triebanteile des Patienten dar, deren orale und aggressive Intensität wahrlich zum Fürchten ist. Deswegen fühlt er sich voll Angst von ihnen verfolgt und musste sie bisher verdrängen.

Der Therapeut braucht sich deswegen nicht um den Patienten zu sorgen, sondern ist im Gegenteil erleichtert, wie viele vitale Kräfte in ihm schlummern, die durch den Traum aufgewühlt wurden. Jetzt geht es nur noch darum, diese aus ihrem Kerker zu befreien und in ein erstarkendes Ich zu integrieren. Positiv interpretiert könnte man sagen, die Hemmungen des Patienten sind so ausgeprägt, weil seine ursprünglichen Triebkräfte für ihn selbst und andere zur Gefahr werden könnten und er sie nur so zügeln kann. Deswegen muss er meine direkte Deutung (die Wildkatzen in ihm) zunächst noch abwehren; aber immerhin findet er sie »lustig«.

Unter objektbezogenem Aspekt verdeutlicht der Traum sehr eindrucksvoll, wie sehr sich der Patient in seinem Lebensgefühl von äußeren Mächten, ob von Menschen oder Lebensumständen, in die Enge getrieben und bedroht erlebt. Darin spiegeln sich bedrückende, noch immer wirksame Kindheitserfahrungen wider, die der Patient erst im Verlauf der Therapie in die Erinnerung zurückholen konnte.

Als Therapeut vergisst man solche symbolbeladenen Initialträume für den Zeitraum der Behandlung nie; sie bleiben jederzeit abrufbar und zitierbar in seinem vorbewussten Gedächtnis liegen. Der Initialtraum bezeichnet in der Psychoanalyse den ersten wichtigen Traum, den ein Patient während der Therapie erzählt und der bereits seine zentrale Problemlage und ihre mögliche Lösung ankündigt. So habe ich den Patienten in einigen Stunden an den Traum erinnert, wenn es darum ging, aktuelle Triebängste oder die Ursache für unheimliche Bedrohungsgefühle zu deuten. Er selbst hatte den Traum schnell wieder »vergessen«. Dabei war es mir jedes Mal wichtig, einerseits sein Bewusstsein für die erlittenen Verletzungen zu schärfen und ihn andererseits in seinem Kräftereservoir zu bestätigen, das ihm verblieben war und das er nur zur weiteren Ich-Stärkung nutzen musste.

Der beschriebene Initialtraum ist noch aus einem dritten Grund sehr aussagekräftig. Er beleuchtet noch eine weitere objektbezogene Perspektive – die Übertragung. Der verbreiteten Ansicht in der Psychoanalyse, nahezu alle Träume enthielten auch einen Übertragungsaspekt und seien daraufhin zu analysieren, kann ich in dieser Absolutheit nicht zustimmen. Aber der vorliegende Traum scheint mir diesbezüglich eindeutig. Der Kapuzenmann am Ende der Schlucht, der wie ein Magier durch das Ausbreiten seines Mantels die bösen Tiere verscheucht, ist ein geradezu klassisches Beispiel für den Therapeuten, auf den der Patient seine Wünsche nach Bändigung seiner Triebwelt und der Befreiung aus der Enge seines Lebens überträgt. Darin scheint gleichzeitig die Hoffnung des Patienten für die Lösung seiner Probleme aufzuscheinen und der Therapie durch ein konstruktives Arbeitsbündnis den Weg vorzuzeichnen.

In einer Psychoanalyse würde man diesen Übertragungsaspekt ausführlich behandeln, in der Psychotherapie verzichtet man aus den bereits genannten Gründen darauf. Aber natürlich registriert der Therapeut solche Erwartungen des Patienten und kann seine weitere Arbeit an dieser positiven Übertragung orientieren.

Weil die tiefenpsychologische Therapie hauptsächlich im Hier und Jetzt angesiedelt ist, genügen dem Therapeuten in der Regel einige wenige Träume, erstens, um in der angedeuteten Form das Unbewusste des Patienten zu aktivieren, und zweitens, um sich selbst ein deutlicheres Bild von dessen Seelenlandschaft zu machen. Deswegen spricht er ihn nur gelegentlich auf Träume an, während der Patient sich weiterhin für sich selbst mit ihnen beschäftigen soll.

Über den Umgang mit Träumen in der Psychotherapie lässt sich also das Gleiche sagen wie über den Umgang mit der Übertragung: der Therapeut arbeitet nicht *an* den Träumen oder an der Übertragung, sondern *mit* ihnen.

6. Elemente der Gestalttherapie

Die bisher beschriebenen Bestandteile der Psychotherapie mit jungen Erwachsenen basieren auf den theoretischen und praktischen Grundlagen der Psychoanalyse. Sie sind auf die Sprache zentriert, wobei der Austausch von Blicken, Mimik und Gestik in der Kommunikation zwischen Patient und Therapeut einen kontinuierlichen averbalen Begleittext bilden. Er verdichtet die emotionale Atmosphäre in der Beziehung ganz wesentlich.

Ab Beginn der 60er Jahre des vorigen Jahrhunderts entwickelte sich, ausgehend vom Eselen Institut bei Big Sur in Kalifornien, die humanistische Psychologie. Teilweise unter radikaler Verwerfung der Psychoanalyse, teilweise durch die Integration von wichtigen ihrer theoretischen Ansätze entstanden bis heute nicht nur in den USA, sondern in ganz Europa und in Asien zahlreiche neue, der humanistischen Psychologie und spirituellen Heilmethoden entlehnte Therapieverfahren.

In der Psychotherapie von Jungerwachsenen ebenso wie in der Therapie anderer Altersgruppen und in der Paar-, Familien- und Gruppentherapie bauen heute immer mehr Psychoanalytiker

Elemente anderer Therapieformen in ihr Behandlungskonzept ein. Dabei haben sie meist selbst nach Abschluss ihrer psychoanalytischen Ausbildung praktische Erfahrungen in einer oder mehreren alternativen Therapieverfahren gesammelt. Unter ihnen setzte sich die Überzeugung durch, dass ein lebendiges Wachstum des Patienten und seine körperliche, seelische und geistige Gesundheit erfolgreicher zu fördern sind, wenn man die tiefenpsychologische Methode durch andere Ansätze erweitert. Dabei wird jeder Therapeut von seinen persönlichen Erfahrungen ausgehen.

Deswegen kann die folgende Darstellung nur eine subjektive Auswahl von therapeutischen Schritten treffen, die sich für mich am besten bewährt haben. Ich beginne mit einigen Anwendungen der Gestalttherapie, wie sie ursprünglich von Frederich S. Perls entworfen und bis heute vielfach variiert wurde.

Die Visualisierung der Wahrnehmung

Die sinnliche Erfahrung des Auges ist in einer auf die Sprache konzentrierten Psychotherapie ausschließlich auf die Person des Gegenübers beschränkt. So erfährt der Therapeut über die Mutter, den Vater, die Geschwister oder andere für den Patienten wichtige Personen nur aus dessen meist verzerrter Perspektive. Deswegen habe ich mir zur Angewohnheit gemacht, den Patienten bei geeigneter Gelegenheit zu bitten, Kinderfotos von sich, Familienfotos, Fotos von Partnern oder, falls vorhanden, der eigenen Kinder mitzubringen. *Fotografien* drücken im Sinne der Gestalttherapie eine »Gestalt« aus, das heißt die Gesamtheit der körperlichen und seelischen Verfassung eines einzelnen abgebildeten Objektes oder einer kommunizierenden Gruppe.

Entsprechen die Bilder nach meinem Eindruck den Schilderungen des Patienten oder weisen sie in eine ganz andere Richtung? Was verraten ihre Gesichter, ihre Haltung, die Konstellation, in der sie sich in einem Gruppenfoto zueinander befinden? Was drückt das »szenische Geschehen« aus, wie man es in der Fachsprache nennt?

Die Überraschungen, die sich für den Therapeuten und den

Patienten beim gemeinsamen Betrachten und Besprechen der Einzel- und Gruppenfotos einstellen, sind oft verblüffend. Schon beim Heraussuchen werden beim Patienten andere Erinnerungen wach, als sie in seinem Gedächtnis gespeichert waren. Das vertiefende Gespräch über einzelne Personen oder Gruppenszenen kann zu einer korrigierenden Erfahrung führen, die sein Verhältnis zu den visualisierten Objekten schlagartiger ändert, als es viele Therapiestunden vermocht hätten.

Eine andere Form der Visualisierung der eigenen Wahrnehmung stellt das *aufgezeichnete Brain-storming* dar. Das Malen von Bildern ist in der Kindertherapie ein bei Kindern und Therapeuten beliebtes Mittel zur Darstellung unbewusster Seelenvorgänge, die in die Deutungsarbeit einfließen. Ab dem Jugendalter lässt es sich nicht mehr so breit einsetzen, weil die Scham der Patienten vor eigenen Malprodukten in der Regel zu groß ist und sie ihre kindliche Unbekümmertheit ihren »naiven«, das heißt ihren unbewussten Fantasien gegenüber verloren haben. Dafür bietet sich bei jungen Erwachsenen das aufgezeichnete Brainstorming an.

Das Brain-storming, wörtlich übersetzt »die verrückte Idee« oder »der Geistesblitz«, findet in vielen Wissenschaften und Praxisfeldern Anwendung, in denen es darum geht, durch intuitive Einfälle eine Art Ideenwerkstatt zu entwerfen, aus denen sich produktive Planungen für konkrete Projekte ergeben sollen.

In der Psychotherapie von Jungerwachsenen, von denen viele in ihrem Ausbildungs- oder Berufsalltag mit der Methode in Berührung gekommen sind, lässt sie sich zur Visualisierung gut nutzen. Statt der freien Assoziation, zu der Patienten in einer Analyse besonders im Zusammenhang mit Träumen aufgefordert werden, soll der Patient in der Psychotherapie, eine geeignete Situation vorausgesetzt, seine Einfälle spontan zu Papier bringen. Dabei geht man meist von einem fokalen Konflikt aus. Dazu zitiere ich kurz zwei Beispiele.

Frau E. ist 25 Jahre alt und befindet sich in einer schweren beruflichen Orientierungskrise, die sie mit wechselnden Jobs zu überbrücken versucht. Sie schwankt zwischen einer engen Bindung ans Elternhaus und dauernden Kämpfen mit ihren Eltern um ihre Unabhängigkeit. Die Schilderung ihrer Unzufriedenheit und der häuslichen Konflikte bleibt diffus. Immer wieder spricht sie von einer »Mauer«, die sie umgibt, ohne die eigentlichen Hindernisse konkret benennen zu können.

»Malen Sie doch mal diese Mauer und zeichnen möglichst spontan die Schilder ein, die Ihnen den Durchtritt verbieten«, schlage ich am Schluss einer Stunde vor. Zur nächsten Stunde bringt sie die Zeichnung mit (s. Abb. 1). Sie überreicht sie mir mit der Bemerkung: »Mir gingen wirklich einige Lichter auf, als ich die Mauer malte und die meisten Schilder meinen Vater und die Atmosphäre im Elternhaus betrafen, die ich vorher so schwer definieren konnte.«

Nach dieser Visualisierung ihrer Wahrnehmung konnte die Patientin in der Folgezeit eine Tür nach der anderen öffnen, die ihr bisher das Durchschreiten der Mauer verwehrt hatten.

Ein anderer Patient, 29 Jahre alt, kam wegen immer wieder scheiternder Partnerschaften und Problemen mit seiner Sexualität. Er hatte eine sehr enge Bindung an seine Mutter, die er stark idealisierte. Ich vermutete, dass diese Beziehung nicht unwesentlich mit seinen Problemen zusammenhing. Frühere Versuche, die Mutter aus einer kritischeren Perspektive zu betrachten, um sich mehr von ihr lösen zu können, waren bisher gescheitert. In einer Stunde legte ich ihm ein leeres Blatt Papier hin, malte selbst in die Mitte einen Kreis und schrieb »Mutter« hinein.

»Das soll Ihre Mutter sein«, sagte ich. »Versuchen Sie mal, in einer sternförmigen Anordnung alle Eigenschaften aufzuschreiben, die Ihnen spontan zu ihr einfallen.« Der Patient entwarf einen strahlenförmigen Kranz um die Mitte und schrieb, wie nicht anders zu erwarten war, alle positiv erlebten Merkmale der Mutter auf.

»Gut«, sagte ich, »Sie beschreiben eine Mutter, wie man sie sich nur wünschen kann, eine ideale Mutter wie im Märchen von ›Schneeweißchen und Rosenrot‹. Aber gibt es nicht überall auch Schatten, wo die Sonne scheint? Bitte, erweitern Sie den Stern und notieren Sie alles, was Ihnen vielleicht weniger strahlend an ihr vorkommt.«

Der Patient saß lange vor dem Blatt. Dann fächerte er zögernd das sternförmige Gebilde weiter auf. Während er schrieb, verkrampfte er sich zunehmend, machte aber tapfer weiter, bis ein

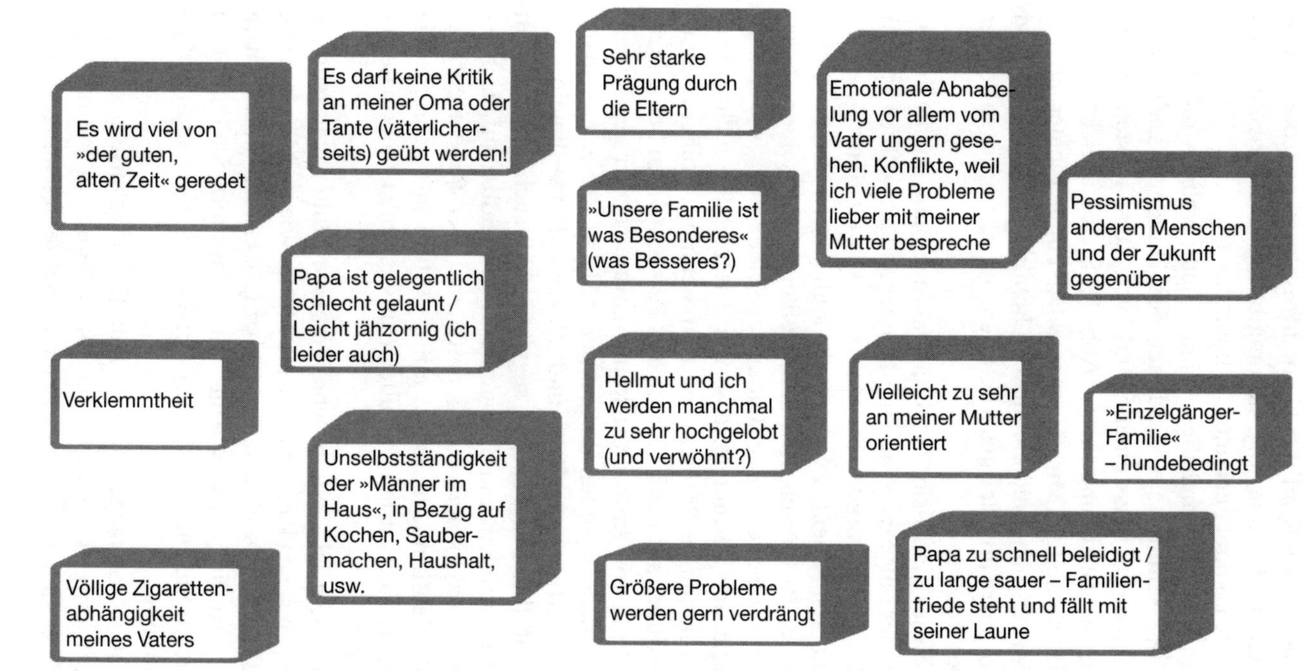

Abb. 1: Brain-storming einer 25-jährigen Patientin zum Thema »Mauer«

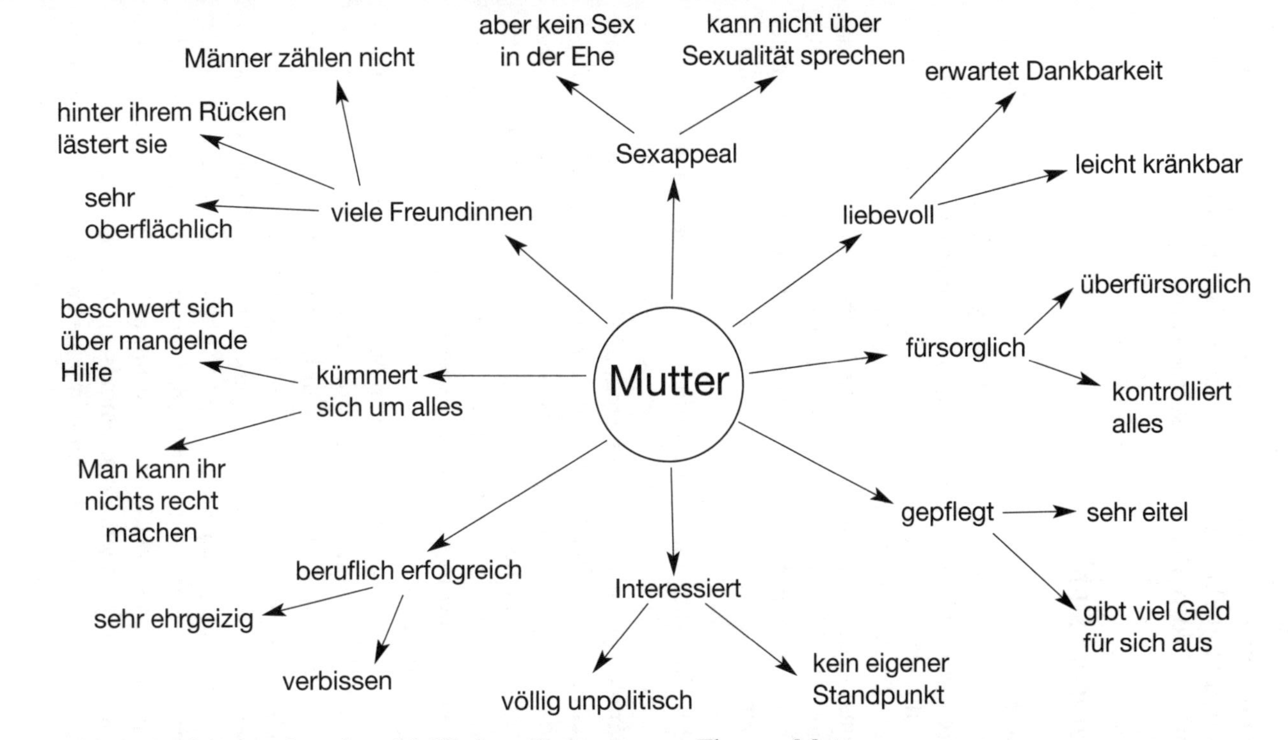

Abb. 2: Brain-storming eines 29-jährigen Patienten zum Thema »Mutter«

zweiter Sternenkranz entstanden war (s. Abb. 2). Nach dieser Visualisierung war ihm klar, dass er nicht länger an seinem idealisierten Mutterbild festhalten konnte. Von hier aus eröffnete sich eine produktive Bearbeitung seines Mutter-Schicksals.

Der leere Stuhl

Zu einer genialen Erfindung der Gestalttherapie gehört der »leere Stuhl«. Jeder Mensch hat für gewöhnlich ein oder mehrere Konfliktpersonen, mit denen er im äußeren Clinch liegt oder die ihn wegen noch unbeglichener Rechnungen innerlich häufig und fast zwanghaft beschäftigen. Weil er dabei die Schwierigkeiten in der Regel nur aus seiner Perspektive beurteilt und sich für unschuldig hält, dreht er sich im Kreis und wundert sich darüber, dass er hoffnungslos in dem äußeren Gerangel oder in der inneren Auseinandersetzung und den festgefahrenen Gefühlen stecken bleibt.

Ein Gestalttherapeut macht in einer solchen Situation kurzen Prozess. Kaum hat der Patient sein Klagelied über eine bestimmte Person angestimmt, stellt er einen zweiten Stuhl frontal vor ihn hin. »Stellen Sie sich vor, auf dem leeren Stuhl sitzt diese Person. Sagen Sie ihr alles, was Ihnen auf dem Herzen liegt. Wenn Ihnen nichts mehr einfällt, wechseln Sie den Stuhl. Jetzt verkörpern Sie diese Person, die Ihnen auf alles antwortet und ihrerseits alles loswerden darf, was sie Ihnen schon immer mal sagen wollte.«

Der Patient beginnt mit seinen bekannten Vorwürfen und Anklagen. Irgendwann geht ihm die Puste aus und er muss den Stuhl wechseln. Damit wird er zur Identifikation mit seiner Konfliktperson gezwungen. In diesem Rollentausch kann er gar nicht anders, als Antworten zu geben und Kritik zu üben, die für ihn keineswegs angenehm sind. Sobald ihm in dieser Rolle nichts mehr einfällt, darf er wieder seinen eigenen Stuhl einnehmen und dem Gegenüber wiederum antworten, mit Rechtfertigungen, Erklärungen, Zugeständnissen. Auf diese Weise entsteht ein virtueller Dialog, der für den Patienten einen spürbaren Perspektivwechsel einleitet. Durch ihn lernt er seinen Konfliktpartner von einer ganz anderen Seite kennen, Verständnis für dessen Positionen zu entwickeln und eigene Standpunkte zu revidieren. So bahnen sich auch in der Realität die Überwindung des Konfliktes und eine neue Beziehung der Konfliktpartner an.

Neben diesem Personenwechsel benutze ich die Methode des leeren Stuhls bei Gelegenheit noch in anderer Weise. Dabei gehe ich vom Ansatz der Transaktionsanalyse aus. Das ebenfalls bereits in den 60er Jahren des vorigen Jahrhunderts von Berne und Misseldine entwickelte Therapieverfahren unterscheidet, schärfer als es die Psychoanalyse jemals getan hat, drei Anteile im Menschen – den Erwachsenen-, den Eltern- und den Kindanteil. Es handelt sich nach dieser Theorie um drei verschiedene »Ich-Zustände« in jeder Person, die, situationsabhängig, in wechselnder Stärke zur Geltung kommen und häufig miteinander konkurrieren. Der Erwachsenenanteil entspricht am ehesten dem eigentlichen Ich, dem die Psychoanalyse die logischen, rationalen und steuernden Funktionen über unser Trieb- und Gefühlsleben zuordnet. Der Elternanteil repräsentiert die verinnerlichten Elternbilder mit allen positiven und negativen Aspekten. Nach psychoanalytischer Terminologie lässt sich der Elternanteil problemlos mit unserem Über-Ich vergleichen, in dem die gütigen ebenso wie die strafenden Erfahrungen mit den Eltern und ihre gewissensbildenden Gebote gespeichert sind. Der Kindanteil hat keine Entsprechung in der psychoanalytischen Strukturlehre. Er verkörpert unser »inneres Kind« mit all seinen frühkindlichen Gefühlen und Erfahrungen. Er steht aber vor allem für den Bereich in uns, in dem wir mit all unseren unerfüllten Wünschen, Sehnsüchten und Enttäuschungen bis heute Kind geblieben sind.

Das Modell eignet sich nach meinen Erfahrungen besonders gut zur praktischen Anwendung mit dem leeren Stuhl. Ein Patient jammert über seine verpfuschte Kindheit und darüber, wie schrecklich seine Eltern waren. Wenn er darin stecken bleibt, ist er in der Gefahr, die »Kindheit als Entschuldigung« für alle seine späteren Schwierigkeiten zu missbrauchen. Mit dieser Fixierung wird er nie erwachsen und selbstverantwortlich werden.

Auch hier fackeln der Gestalttherapeut und der Transaktionsanalytiker nicht lange. Der Patient sitzt auf seinem Stuhl, wobei er wählen kann, welchen der drei Anteile in sich er zuerst verkörpern möchte. Er darf auch wählen, welchen Anteil er als Erstes auf den leeren Stuhl setzt. So entstehen virtuelle Dialoge zwischen dem erwachsenen Patienten und seinem »inneren Kind«, zwischen seinem »inneren Kind« und den Eltern und so fort. Diese unmittelbare Konfrontation mit den verschiedenen Anteilen in sich ist emotional außerordentlich aufwühlend, weil der Patient plötzlich Gefühle und Erinnerungen erlebt, die er lange verdrängt hat. Außerdem findet er dabei neue, oft schmerzhafte Wahrheiten über sich und seine Eltern heraus, die seine festgefahrenen Meinungen und Vorurteile erheblich umpolen können.

Das transaktionsanalytische Modell verdeutlicht auf eindrückliche Weise, dass es einen erheblichen Unterschied macht, ob ich in der Therapie über mich und meine Eltern sprechen oder *mit* mir und meinen verinnerlichten Eltern.

Briefeschreiben zur Selbstaktualisierung

Junge Erwachsene schreiben heute keine Briefe mehr. Sie kommunizieren schriftlich mit kurz gefassten Nachrichten oder Statements über E-Mail. Auch bei den Eltern ist das Briefeschreiben aus der Mode gekommen. Es gibt ja das Telefon.

Die Psychotherapie wird jedoch gelegentlich zu einem Ort, an dem das alte Kulturgut neu entdeckt und zu fruchtbarer Blüte gebracht werden kann. Wie inzwischen mehrfach deutlich wurde, haben viele junge Patienten den Kontakt zur Familie schon seit Jahren im Streit abgebrochen, ohne auch die innere Ablösung geschafft zu haben. Im Gegenteil leiden sie ebenso wie die Eltern unter der Trennung, ohne darüber etwas voneinander zu wissen. Noch stärker trifft das für die wachsende Gruppe von Patienten zu, die ihren Vater nie kannten oder ihn im Laufe der Kindheit oder Jugend durch die Scheidung der Eltern für immer verloren haben.

»Schreiben Sie Ihren Eltern (oder Ihrem Vater) doch mal einen Brief«, schlage ich in solchen Situationen bei einem geeigneten Anlass vor. »Nein, das werde ich sicher nie tun!«, lautet in der

Regel die Antwort. Die Abwehr kann durch Trotz oder Resignation zu Stande kommen, weil die Enttäuschungen zu tief sitzen. Häufig ist es aber auch nur die Angst vor dem Briefeschreiben. Menschen, die darin keine Übung haben, schrecken davor zurück, als müssten sie zum ersten Mal über ein Drahtseil balancieren. Man muss sie also auf den Geschmack bringen.

»Es muss ja nicht gleich ein richtiger Brief sein«, sage ich dann, »versuchen Sie es doch mal mit einem fiktiven Brief, in dem Sie sich alles von der Seele schreiben können, Ihre ganzen negativen Gefühle, aber vielleicht auch, was Sie sich eigentlich wünschen und wonach Sie sich sehnen. Ob daraus dann ein richtiger Brief wird, ist zunächst nicht wichtig.«

Nach meinen Erfahrungen wagt etwa nur die Hälfte der Patienten den Schritt, von denen ich glaubte, das Schreiben eines Briefes könne für sie eine Hilfe sein. Was sie im Gespräch unbekümmert zum Ausdruck bringen können, scheint sich beim Schreiben wie ein Bann über sie zu breiten. Das geschriebene Wort besitzt seine eigene Magie. Worauf man sich schriftlich festlegt, kann man nicht wieder ungeschehen machen. Gegenüber dem gesprochenen Wort trägt das geschriebene viel stärker zur Selbstaktualisierung bei. Selbstaktualisierung meint hier die Begegnung mit sich im Sinne einer unausweichlichen Bewusstmachung seiner selbst, meint den sichtbaren Spiegel, dessen zurückgeworfenes Bild nichts beschönigt. Die Vorstellung, dieses Bild einem anderen zu zeigen, indem man ihm schreibt, löst tief sitzende Schamgefühle aus. Denn Briefe im hier gemeinten Sinn, nicht Sachbriefe, rühren an das Persönlichste, Verborgenste und Verletzlichste des Schreibers.

Aber gerade durch diese Form der Selbstaktualisierung gewinnt der Patient einen Grad an Freiheit zurück, den er vorher in der Verstocktheit und Wortlosigkeit der Beziehung zu den Eltern verloren hatte. Dazu bereitet besonders der fiktive Brief die ersten Schritte vor. Seine Freiheitsgrade sind unbeschränkt und reichen von der schonungslosen und ungerechten Kritik bis zur tiefen Liebe.

Wenn der Patient den ersten Schritt getan hat, ist er meist auch zum zweiten bereit. Nachdem er mir den fiktiven Brief vorgelesen und mit mir besprochen hat, erweitere ich meinen Vorschlag:

»Der Brief hat Sie viel Überwindung gekostet, aber Sie sehen, es lohnt sich. Deswegen bitte ich Sie, noch einen zweiten zu schreiben, und zwar aus der Sicht Ihres Adressaten. Was würde er Ihnen antworten?«

Dieser Schritt bringt, ähnlich wie der leere Stuhl, die Fantasietätigkeit des Patienten in Gang, bei der er sich in die andere Person hineinversetzen, das heißt identifizieren muss. Anders als der leere Stuhl scheint mir der fiktive Antwortbrief noch einen Grad mehr an innerer Verbindlichkeit zu besitzen, weil das fixierte Wort nicht so flüchtig ist wie das gesprochene. Die Gefühlsintensität, die durch beide Methoden ausgelöst werden kann, dürfte sich entsprechen. Ebenso ihre verändernde Kraft. Deswegen können sich beide Methoden ergänzen oder je nach Patient und je nach Anlass zur Anwendung kommen.

Die Methode des fiktiven Antwortbriefs lernte ich nicht in Deutschland während eines Gestalttrainings kennen, sondern in Nicaragua in den Jahren der Revolution. Wir waren eine Gruppe von Psychotherapeuten, die in der Hauptstadt Managua ein Salud-Mental-Projekt besuchten. Der dortige Therapeut betreute einen 22-jährigen Soldaten nach einem schweren traumatischen Nervenzusammenbruch. Im Kampf gegen die von den USA finanzierten Contras hatte er seinen 20-jährigen Bruder neben sich verbluten gesehen. Der Therapeut las uns den bewegenden Brief des Patienten an den toten Bruder vor, in dem er sich die Schuld an dessen Tod gab und ihn um Verzeihung bat. Noch erschütternder war der fiktive Antwortbrief des toten Bruders, in dem er den Patienten in allen Details entlastete. Er versicherte ihm seine Bruderliebe und appellierte an ihre gemeinsame Treue zum Ideal der Revolution über den Tod hinaus. Nach diesem Brief fühlte sich der Patient wieder so weit gefestigt, dass er sich in den Dschungelkrieg zurückmeldete.

Wenn auf der fiktiven Ebene die angestrebte Versöhnung stattgefunden hat, kann auch der nächste Schritt realisiert werden – der erste Brief an die Eltern nach Jahren des Schweigens oder der erste Brief an einen verloren geglaubten Vater. Weil der andere schon lange auf diesen Brief gewartet hat, zu dem er selbst nicht in der Lage war, kann er endlich wieder den Arm ausstrecken. Die Brücken, die auf diese Weise gebaut werden, führen jetzt oftmals zu einer dauerhaften Stabilität der wieder gefundenen Beziehung.

7. Handlungsorientiertheit und Aktivität

Kein Mensch wird laufen lernen, wenn er nicht geht. Der Bewegungsapparat steuert unsere Motorik, deren Handlungsorientiertheit uns die äußere Welt erschließt und die uns innerlich das Gefühl für unseren Körper vermittelt. Das Körper-Selbst, wie es die Selbst-Psychologie nennt, ist der komplementäre Teil unseres psychischen Selbst. Erst aus der Einheit beider Selbstanteile entsteht ein ganzheitliches Selbst.

Über viele Jahrzehnte wurde die Bedeutung des Körper-Selbst für das psychische Wohlbefinden von der Psychoanalyse außer Acht gelassen. In diese Lücke sprangen ab Beginn der 80er Jahre des letzten Jahrhunderts die aus der humanistischen Psychologie abgeleiteten Körpertherapien. Heute erstreckt sich ihr vielfältiges Spektrum von der psychoanalytisch orientierten Körperarbeit über gezielte Körperübungen zur Intensivierung der Körperwahrnehmung bis zu verschiedenen Entspannungstechniken.

Die tiefenpsychologische Psychotherapie verzichtet in aller Regel auf die unmittelbare Einbeziehung von Körpertechniken. Aber für sie steht heute außer Zweifel, dass psychische, psychosomatische und psychosoziale Gesundheit nicht allein durch die tiefenpsychologische Aufarbeitung von Konflikten zu gewinnen ist. Der Mensch ist ein aktives und handlungsorientiertes Wesen und kann nur als solches den notwendigen Grad an psychischer Stabilität und Zufriedenheit erreichen. Deswegen gehört die Beachtung und Förderung des Aktivitätspotenzials jedes Patienten zum integralen Bestandteil der Therapie. Dabei geht es nicht nur um körperliche Betätigungen, sondern in einem erweiterten Sinn um die Gesamtheit der Aktionsbereitschaften.

Besonders in der Behandlung von Jungerwachsenen, hauptsächlich bei den männlichen, beobachte ich immer wieder einen stark eingeschränkten Aktionshorizont. Kontaktstörungen, Partnerprobleme, soziale Ängste und eine erhebliche Selbstwertunsicherheit führen bei ihnen zum Rückzug ihrer Libido von der Außenwelt. Mit der wachsenden sozialen Isolation gehen für sie auch immer mehr Aktionsfelder körperlicher und geistiger Art verloren. Stattdessen entwickeln viele ein zunehmendes Suchtverhalten mit einem exzessiven Fernseh-, Video- und Computerkonsum. Dabei liefern besonders das Chatten im Internet und, bei einigen, das Herunterladen von pornographischen Bildern und Filmen nur eine Scheinlösung für ihre Einsamkeit und eine Ersatzbefriedigung für ihre mangelnden, auch sexuellen Beziehungsaktivitäten.

Der Lustgewinn, der trotz allem aus solchen passiven Beschäftigungen resultiert, schränkt die aktive Handlungsorientiertheit zusätzlich ein. Da die genannten Medien aus unserer heutigen Kultur nicht mehr wegzudenken sind, können Patienten ihre Gewohnheiten lange Zeit als gesellschaftlich konform rationalisieren. Oft erst nach Jahren fällt ihnen auf, wie hoffnungslos abhängig sie inzwischen von ihnen geworden sind.

Die Therapie steht hier vor der Aufgabe, solche ungünstigen Zirkel aufzulösen. Dabei enthält sich der Therapeut jeder Kritik der süchtigen Gewohnheiten oder anderer passiver Verhaltensweisen, weil diese lediglich Symptome einer Fehlentwicklung sind und sich nur durch die Normalisierung der weiteren Persönlichkeitsentwicklung beheben lassen.

Stattdessen fragt er fast beiläufig: »Im Moment sind Sie ziemlich mutlos und inaktiv. Was hatten Sie früher für Interessen, was haben Sie gerne gemacht?« Diese zugewandte Frage erzeugt meist die ersten Risse in der müde erschlafften Fassade. Zwischen Wehmut und Wachheit schwankend, erzählen die einen von sportlichen Aktivitäten, die anderen von handwerklichen, musischen oder literarischen Beschäftigungen oder ihrem Engagement in Friedens- und Ökologiegruppen.

Auf die Frage: »Warum haben Sie damit aufgehört?« erhält man in der Regel nichtssagende Antworten: »Ich weiß nicht«, »Ich hatte keine Lust mehr«, »Es hat sich nicht ergeben«. In Wahrheit wissen die Patienten es auch nicht. Es ist ein schleichender, unbewusst ablaufender Prozess, der ein hohes Potenzial an Funktionslust, motorischem Bewegungsdrang, kreativer Freude oder politischer Begeisterung unter den Krisen des Heranwachsens begraben hat. Erst wenn diese überwunden sind, können sich die alten Leidenschaften wieder entfalten, je nach Lust, Interesse und Begabung. Die Aktivitätsschübe, die im Laufe einer Therapie auftreten, künden von der einsetzenden Restitution eines verletzten, orientierungslos gewordenen Selbst, auch eines Körper-Selbst, das seine Konturen verloren hatte.

Der zusätzliche Gewinn eines in lustvoller Handlung eingebundenen Ichs liegt in der Erweiterung des sozialen Netzes. Dieses übernimmt schon für sich allein unschätzbare stützende und fördernde Funktionen. Bei den meisten meiner Patienten war der soziale Zusammenhang lückenhaft oder fehlte fast vollständig. Aber fast jede Tätigkeit verbindet. Ob beim Sport, beim Spiel, beim Erlernen von Sprachen, beim Musizieren, bei politischen Aktionen oder anderen handlungsorientierten Tätigkeiten finden Menschen mit gemeinsamen Tätigkeiten zusammen, handeln gemeinsam und bilden freiwillig eine Gemeinschaft, die das Gefühl sozialer Zugehörigkeit vermittelt.

Wenn es dem Therapeuten gelingt, den Patienten zu einer oder mehreren Tätigkeiten zu motivieren, hat er einen wichtigen Schritt zur Heilung erreicht. Ohne diese Ressourcen kann keine Therapie erfolgreich sein und kein Patient gesunden. Der Therapeut darf die Initiative des Patienten nicht erzwingen, aber er kann ihm den Gewinn in Aussicht stellen, der bei einem lebendig gelebten, aktiven Leben winkt.

In diesem Zusammenhang möchte ich noch ein Thema streifen, das in manchen Behandlungen junger Menschen wiederkehrt – der Führerschein. Die meisten jungen Erwachsenen sind ganz begierig darauf, nach der Volljährigkeit so schnell wie möglich den Führerschein zu bekommen. Er gehört in heutiger Zeit genauso zum Status eines Heranwachsenden wie das Fahrradfahren und Schwimmenlernen zum Status eines vier- bis sechsjährigen Kindes. Es ist die Freiheit, die winkt, der erweiterte Handlungsraum, die Unabhängigkeit, die Lust der Bewegung – all das.

In meiner Patientengruppe befanden sich mehrere Frauen und Männer, die jahrelang erfolglos an dem Führerschein herumlaborierten, die ihn nie machten, obwohl sie das Geld dazu geschenkt bekommen hatten, oder die mehrfach durch die Prüfung fielen und es schließlich aufgaben. Wo lag bei ihnen der Haken?

In der psychoanalytischen Symbolsprache steht das Auto in wörtlicher Übersetzung seiner lateinischen Bedeutung für das Selbst. Mit 18 Jahren wird man volljährig, mit 18 macht man das Abitur – die Reifeprüfung für das Erwachsenenalter –, mit 18 erhält man das aktive und passive Wahlrecht und mit 18 darf man ein Auto fahren. Bei den Führerscheinverweigerern in meiner Gruppe stellte sich heraus, dass sie über dieses erwachsene Selbst noch nicht verfügten, und in ihrer Autonomie noch erheblich eingeschränkt waren. Meine nahe liegende Frage: »Warum machen Sie ihn nicht?« konnten sie nicht rational beantworten, weil ihnen unbewusst blieb, dass sie sich zum Führen eines Autos noch nicht erwachsen genug fühlten. Erst wenn sie unter dem Einfluss der Therapie die Führerscheinprüfung bestanden hatten, spürten sie den Zuwachs an Selbstbewusstsein, das zum Erwachsenwerden notwendig ist.

Um Missverständnisse zu vermeiden: Selbstverständlich kann man auch ohne Führerschein und ohne Auto ein stabiles Selbst entwickeln und sich erwachsen und autonom fühlen.

8. Aufklärung, Information, Beratung

Psychotherapie mit jungen Erwachsenen muss Spaß machen. Zuallererst dem Patienten, aber auch dem Therapeuten. Gemeint ist nicht der Spaß beim Besuch eines Rock-Konzerts, nicht das lockere Geplänkel am Strand oder in einer Bar. Gemeint ist der Spaß an dem Neuen und Aufregenden, das man in einer Therapie über sich, die Menschen und die Welt erfährt. Ich glaube, dass sich die Psychoanalyse auch deswegen in einer Krise befindet, weil sie zu ernst ist, weil sie dem Patienten zu viel abverlangt, ihm daran gemessen aber zu wenig gibt. Auch in der Psychotherapie geht der Patient nicht immer den leichtesten Weg, um sich selbst zu finden und auf seinen Entdeckungen einen stabilen Lebensentwurf aufzubauen. Aber seine Anstrengungen werden durch den Spaß belohnt, den ihm die Vielfalt psychotherapeutischer Vorgehensweisen bietet. Die tiefenpsychologische Psychotherapie hat sich nach meiner Einschätzung Freiräume geschaffen, wie sie der strengen Psychoanalyse bis heute verschlossen sind.

Deshalb halte ich diese Therapieform besonders geeignet für junge Erwachsene. Sie berücksichtigt deren Abneigung, allzu tief in eigenen Gefühlen zu wühlen. Gleichzeitig kommt sie ihrem Bedürfnis entgegen, in einem Klima freundlicher und humorvoller Anteilnahme und Zuwendung möglichst an der Realität orientiert und konkret in Lebenszusammenhänge eingeführt zu werden, die ihnen bisher fremd und unheimlich waren.

Es verwundert mich immer wieder, wie unerwachsen und realitätsfremd sich ein großer Teil dieser Generation verhält. Bei allen kognitiven und instrumentellen Fähigkeiten, über die junge Menschen verfügen und mit denen sie sehr vielen Erwachsenen überlegen sind, scheinen ihre emotionale Intelligenz, ihr Verantwortungsbewusstsein und ihre sozialen Kompetenzen auf eine seltsame Weise unentwickelt. Nicht zuletzt deswegen nimmt diese Altersgruppe im Bevölkerungsaufbau eine Sonderstellung ein.

Es ist auch der Grund, warum ich das Buch mit einem Kapitel über »Aufklärung, Information, Beratung« abschließe. Die drei Interventionsformen berühren nur mittelbar den tiefenpsychologisch aufdeckenden und konfliktzentrierten Ansatz der Psychotherapie. Deswegen gelten sie auch in der Psychoanalyse als verpönt. Um jede Beeinflussung zu vermeiden, soll dort der Patient durch die Erkenntnisse der analytischen Arbeit allein zu eigenen Entscheidungen kommen. Bei der Psychotherapie von Jungerwachsenen scheint mir jedoch die Gefahr der Beeinflussung deutlich geringer, weil sie nicht annähernd so tief in die Beziehung zum Therapeuten und in die Abhängigkeit von ihm verstrickt werden. Andererseits brauchen sie, etwa vergleichbar der Therapie von Jugendlichen, neben der notwendigen Arbeit am Konflikt auch konkrete Hilfestellungen. Mit ihnen können sie ihre Wissens- und Erfahrungslücken im Umgang mit menschlichen Konfliktsituationen und den für ihr Alter zu gering entwickelten Realitätssinn ausgleichen.

Was ist mit Aufklärung, Information und Beratung in der therapeutischen Praxis gemeint? Als erstes Beispiel wähle ich nochmals die häufigen Prüfungsschwierigkeiten in dieser Altersgruppe. Bei den Jüngeren, die vor dem Abschluss einer Lehre oder vor dem Abitur stehen, lasse ich mir zuerst die Zeugnisse der letzten Jahre mitbringen, um mich über den Leistungsstand in den einzelnen Fächern genau zu informieren. In welchen von ihnen ist der Patient gut, mittelmäßig oder schlecht? Könnte es sich um eine allgemeine Überforderung handeln, oder sind die Begabungsschwerpunkte nur unterschiedlich verteilt? Braucht er in einzelnen Fächern Nachhilfeunterricht? Nach dieser Realitätsprüfung und eventuell notwendigen Empfehlungen bespreche ich mit dem Patienten ausführlich seine Arbeitstechnik. Bei vielen wird schnell deutlich, dass sie kaum über eine solche verfügen, weil sie sich bisher immer auf ihre Intelligenz und spontane Leistung verlassen konnten. Dabei spielt der Narzissmus in dieser Entwicklungsphase, wie bereits erwähnt, eine bedeutende Rolle. Grandiose Ideen von der eigenen Begabung reichen bis an das Geniehafte, für das Arbeiten und eigene Anstrengungen unwürdig sind.

Bei dieser Vorstellungswelt werden spätere Abstürze vorbereitet. Denn durch sie haben sich mit den Jahren Wissenslücken angehäuft, die jetzt zu einem erheblichen Prüfungshindernis werden. In diesen Fällen stelle ich mit dem Patienten einen verhaltenstherapeutisch orientierten Fahrplan auf, nach dem er erstens seine Lücken ausfüllen und zweitens den aktuellen Prüfungsstoff nach genau strukturierten Zeitschritten vorbereiten kann. Das Erlernen einer soliden Arbeitstechnik ist die Voraussetzung dafür, dass der Patient nicht von seiner Grandiosität auf der einen und seinen Zweifeln, Unsicherheiten und Ängsten auf der anderen Seite überschwemmt wird.

Bei älteren Auszubildenden und Studenten mit Prüfungsproblemen kläre ich die Motivation, die sie zu diesem Beruf oder zu diesem Studienfach veranlasst hat. Nicht selten stellen sich dabei grobe Fehlentscheidungen heraus, die meistens durch die Ausbildungs- oder Studienbedingungen diktiert wurden. Ein Patient soll das Geschäft, ein anderer die Praxis seines Vaters übernehmen; ein Patient war zu Beginn der Lehre oder des Studiums noch völlig ziellos und wählte »das erste Beste«; ein anderer stellte erst während der Ausbildung fest, dass seine Begabung und beruflichen Zielvorstellungen auf einem ganz anderen Gebiet lagen; für deren Realisierung ist es jetzt aber angeblich zu spät.

Diese und andere Konstellationen verlangen vom Therapeuten unter Abwägung aller Faktoren eine sehr konkrete Beratung, um durch eine neue Weichenstellung chronische Fehlentwicklungen und unglückliche Lebensentwürfe zu vermeiden.

Oft reicht es auch, den Patienten über berufliche Zusammenhänge und Zukunftsperspektiven aufzuklären, die ihm bisher nicht bekannt waren. Das hilft ihm oft, die Phase seiner Mutlosigkeit und mangelnden Motivation zu überwinden.

Wenn alle genannten Voraussetzungen geklärt sind und der Patient lediglich durch irrationale Prüfungsängste gelähmt wird, die meist einem überhöhten Selbstanspruch entstammen, scheue ich mich nicht, für die Prüfungssituation selbst die Einnahme eines Tranquilizers zu empfehlen und zu verschreiben. Diese Maßnahme ist unter Psychotherapeuten umstritten. Nach meiner Auffassung ist jedoch ein Patient, der ansonsten nicht zu einem süchtigen Verhalten neigt, durch die vorübergehende Einnahme eines angst- und spannungslösenden Medikamentes nicht gefährdet. Die Zunahme des Selbstbewusstseins durch ein bestandenes Examen und die weitere Stabilisierung durch die Berufsaufnahme anstelle einer erneut gescheiterten Prüfung stehen in keinem Verhältnis zu dem geringen Risiko einer kurzzeitigen medikamentösen Unterstützung.

Ein weiterer, bereits gründlich dargestellter Konfliktbereich bei jungen Erwachsenen bildet der Umgang mit dem Elternhaus. Die Situation des völligen Kontaktabbruchs und die Möglichkeit, durch Briefe neue Brücken zu bauen, waren schon Thema. Verbreiteter sind Eltern-Kind-Beziehungen, in denen beide Seiten noch mit erheblichen Ablösungsproblemen zu kämpfen haben. So unterschiedlich diese geführt werden, so sehr ist allen gemeinsam, dass die Beteiligten nicht mehr über die sie eigentlich bewegenden Motive, Bedürfnisse, Gefühle und Gedanken, soweit sie mit der Ablösung zusammenhängen, sprechen können. Diese selektive Sprachlosigkeit hängt damit zusammen, dass die meisten Ablösungen ambivalent erlebt werden. Eltern wollen ihren Töchtern und Söhnen nichts von ihren Ängsten vor Trennung und Alleinsein erzählen; sie wollen ihnen aber auch nicht sagen oder sich selbst eingestehen, wie froh sie sind, endlich ihre Verantwortung abgeben zu können und die Kinder ziehen zu lassen. Stattdessen beteuern sie immer wieder ihre Liebe und ihre Enttäuschung, wenn sich die Kinder nicht oft genug melden. Sie überschütten sie mit Geschenken und Geldzuwendungen, auch wenn objektiv keine Notwendigkeit mehr dazu besteht. Damit machen sie sie abhängiger und hilfloser, als sie sind.

Junge Erwachsene trennen sich, ebenfalls aus Gründen der Ambivalenz, oft abrupt und im Streit, weil sie sich und den Eltern nicht eingestehen wollen, wie sehr sie eigentlich noch an der Familie hängen. Häufig sind sie auch zu Zugeständnissen an die Eltern bereit, um diese nicht zu kränken. Damit behindern sie aber auf lange Sicht ihre Verselbstständigung. Es ist klar, dass solche Un- oder Halbwahrheiten zu ständigen Missverständnissen und Unstimmigkeiten bis hin zu dramatischen Streitsituationen führen, wobei oft letztlich keiner mehr weiß, worum es eigentlich geht.

Bei solchen Verwicklungen hilft nur das offene Gespräch. Nachdem in der Therapie der Konflikt ausreichend behandelt wurde, rate ich daher dem Patienten: »Laden Sie Ihre Eltern (Ihre Mutter, Ihren Vater) doch mal an einem neutralen Ort zum Essen ein. Sicher haben Sie das noch nie getan. Ihre Eltern werden überrascht sein. Sie können mit ihnen auch einen langen Spaziergang machen oder am besten beides miteinander verbinden. Erzählen Sie ihnen so offen wie möglich alles, was Sie hier herausgefunden haben, und fordern sie auf, ihrerseits ganz offen mit Ihnen über ihre Gedanken und Gefühle zu sprechen. Offenbar sind Ihre Eltern zu diesem Schritt bisher nicht in der Lage. Vielleicht haben sie nur darauf gewartet, dass Sie ihn tun. Danach kann man sehen, wie es weitergeht.«

Viele Jungerwachsene sind noch ungeübt, auf diese Weise ein klärendes Gespräch zu suchen und zu führen, sie haben es von ihren Eltern nicht gelernt. Deswegen brauchen sie häufig die konkrete Anregung und können dabei die neuen Erfahrungen umsetzen, die sie über die befreiende Kraft des offenen Gesprächs während der Therapie gemacht haben.

Deswegen betrifft die Anregung auch nicht nur das Gespräch mit den Eltern, sondern mit allen Personen, ob Lehrer, Vorgesetzte, Freunde, Partner, mit denen es zu einem scheinbar unlösbaren Konflikt gekommen ist. Die heilsame Wirkung des Gesprächs auch außerhalb des Behandlungszimmers zu erproben und zu einer selbstverständlichen Form des Umgangs mit Konflikten werden zu lassen, gehört zu den erklärten Zielen der Therapie.

Aber nicht immer ist das Gespräch ausreichend. Manche Eltern sehen zwar vieles ein und können es ihren Kindern äußerlich besser gehen lassen, halten aber an ihrer verwöhnenden und damit bindenden Haltung fest. Ein plastisches Beispiel. Ich habe mehrfach erlebt, dass Eltern ohne Absprache mit ihren Kindern diesen einen regelmäßigen Geldbetrag überwiesen und somit deren inzwischen erlangte finanzielle Unabhängigkeit verleugneten. Selbst auf deren ausdrücklichen Wunsch stellten sie den Dauerauftrag nicht ein. Wer genießt nicht stillschweigend eine solche Bevorzugung? Aber sie fördert nicht das Gefühl der Unabhängigkeit. In den Fällen rate ich den Patienten, ihrerseits einen Dauerauftrag einzurichten, der den Eltern den Betrag zurücküberweist. Diese für die Eltern meist schockierende Schritt wurde jedoch für alle Beteiligten zu einer wirksamen Erfahrung.

Andere zwischenmenschliche Bereiche, in denen mir bei gleichzeitiger Bearbeitung der inneren Konfliktlage Aufklärung, Information und Beratung sinnvoll und notwendig erscheinen, betreffen Partnerbeziehungen, einschließlich der Sexualität, und Freundschaften. Oft fehlt es jungen Erwachsenen an Erfahrung, schlichten Kenntnissen (zum Beispiel das unterschiedliche sexuelle Erleben von Frauen und Männern) und Einfühlung im Umgang mit den Menschen, die ihnen am wichtigsten geworden sind. Sie sind erschrocken und unglücklich über die Reaktionen, die sie unwissentlich bei diesen auslösen. Um ihnen permanente Enttäuschungen und die aus ihnen resultierenden Selbstwertkrisen zu ersparen, können oft einige klärende Hinweise ihr Wissen über bestimmte Realitäten und psychologische Grundtatsachen erweitern. Schon kleinste solcher Winke reichen manchmal aus, zu einer konfliktfreieren und reicheren Gestaltung von Partnerschaft und Freundschaft beizutragen.

Ein Thema, das in jede Therapie von Jungerwachsenen gehören sollte, ist das Gespräch über politisch-gesellschaftliche Fragen. Sie sind für alle Menschen dieses Alters von großer Wichtigkeit, weil sie sie unmittelbar betreffen. Die meisten Therapeuten klammern diese Thematik aus, weil sich nach ihrer Auffassung die Therapie ausschließlich mit dem »Persönlichen« befassen soll. Dabei wird nicht nur der Grundsatz übersehen, dass alles Persönliche politisch ist, sondern auch die Tatsache, wie stark gesellschaftliche Missstände nicht nur in das Bewusstsein, sondern auch in das Gefühlsleben und in die Einstellung zum eigenen Lebensentwurf hineinspielen. Gespräche über diese Themen bestätigen die Sorgen der Patienten, können aber auch grobe Fehleinschätzungen korrigieren. Durch die vorsichtige Mitteilung eigener Positionen und Erfahrungen kann der Therapeut dem Patienten in seiner Verwirrung und Orientierungslosigkeit Identifikationen anbieten, die dieser annimmt oder verwirft. In jedem Fall sollte hier jede bewusste Beeinflussung vermieden werden.

Es gehört auch nicht zum Kanon psychotherapeutischer Regeln, dem Patienten Literatur zu empfehlen. Gemeint sind hier keine psychologischen Sachbücher, obwohl ich die strenge Einstellung der Psychoanalyse nicht teile, Patienten sollten diese für den Zeitraum der Behandlung in jedem Fall meiden. Viele Patienten ziehen aus ihnen wichtige Anregungen und Einsichten, die sie fruchtbar in die Therapie einbringen können.

Gemeint ist hier belletristische Literatur, deren psychologische Verdichtungen die speziellen Probleme des Patienten anschaulich verdeutlichen. Im Spiegel dieser Literatur versteht der Patient seine Schwierigkeiten mit einem tieferen Bewusstsein über sich selbst und kann daraus neue Strategien zu ihrer Bewältigung entwickeln. Literarisch ausreichend belesenen Therapeuten fällt oft spontan ein Buch, ein Märchen, eine Erzählung oder eine Parabel ein, die einen Kernkonflikt des Patienten realistisch oder in symbolischer Verkleidung ausdrücken.

Als Beispiel nenne ich hier den Roman von Sten Nadolny »Die Entdeckung der Langsamkeit«, den ich häufiger empfehle und auch ausleihe, weil er besonders treffend eine verbreitete Thematik junger Menschen trifft. Der inzwischen zum Programm gewordene Titel des berühmten Romans, der sich zunächst als spannender Abenteuer- und Entwicklungsroman gibt und die Biografie des Nordpolforschers John Franklin (1786–1847) schildert, verweist bereits auf die Vorzüge eines Charakterzuges, wie er in dieser Klarheit bisher noch nie erfasst wurde. Viele junge Erwachsene leiden daran, wie weit sie in ihrer Entwicklung zurück sind und wie langsam sie die Welt begreifen. Alles geht ihnen nicht schnell genug. Ihre Ungeduld behindert sie im Erfolg und verstärkt ihre Selbstzweifel. Aus dieser Verknotung lässt Nadolny die psychologische Dimension in eine philosophische umschlagen. Erst durch die Akzeptanz der eigenen Wesenszüge kann man ihre Vorteile entdecken und produktiv nutzen. Günter Grass hat später den Charakterzug der Langsamkeit in das Bild der Schnecke gekleidet (»Aus dem Tagebuch einer Schnecke«), die mit Geduld und Beharrlichkeit unbeirrt an ihrem Weg festhält und sicher ihr Ziel erreicht.

Literatur kann nicht nur das Menschenbild und die Weltsicht des Lesers durch Fremderfahrungen erweitern und sein kulturelles Ich formen. Sie trägt auch dazu bei, persönlich festgefahrene Einstellungen und Haltungen aufzulockern und Kursänderungen im Lebensweg auszuprobieren.

Ein konkreter Rat, den ich einer Reihe von Patienten im Laufe der Therapie gebe, soll dieses Kapitel abschließen – das Führen eines Tagebuchs. Anders als beim Briefeschreiben, scheint es noch eine größere Zahl junger Erwachsener zu geben, die an dieser alten Tugend festhält. Das Tagebuch war schon immer ein Ort höchster Intimität, das geduldig alles Erlebte und Erlittene, alle Gedanken, Wünsche, Geheimnisse, Hoffnungen, Enttäuschungen und Nöte aufbewahrt, die vor der Öffentlichkeit sorgsam gehütet werden sollen. Aber es ist noch weit mehr. Das Tagebuch ist ein Ort der Reflexion und Selbstbefragung. Besonders für Patienten, die sich im Rahmen einer Psychotherapie einer für sie neuartigen Form der Introspektion aussetzen, übernimmt das Tagebuch die Funktion eines unbestechlichen Protokollanten. Es verzeichnet schwarz auf weiß die abgründigen Fantasien und Leidenschaften, schützt sie vor der neuerlichen Verdrängung und führt sie mit jeder Formulierung einen Schritt näher ans Bewusstsein heran. Dort ergreift das Ich Besitz von ihnen und bricht ihren bösen Bann. Das Tagebuch ähnelt einem kathartischen Selbstexperiment, bei dem sich der Schreiber von seinen inneren Dämonen befreit und schonungslos nach der eigenen Wahrheit sucht.

Aus der Kreativitätsforschung ist bekannt, wie sehr Schreiben durch die Spiegelung der Innenwelt im geschriebenen Wort einer Selbstvergewisserung dient, die zur Verarbeitung traumatischer Erfahrungen unentbehrlich ist. Dies gilt für alle Formen schöpferischer Tätigkeit. Deswegen versuche ich ausdrücklich, alle Patienten anzuregen, sich an ihre früheren gestalterischen Interessen und Talente zu erinnern und diese wieder zu beleben. Auch das Tagebuch ist ein kreativer Ort, an dem sich das verletzte Selbst wieder finden und heilen kann. Das ist sicher seine zentrale Funktion.

Aber noch eine andere ist wichtig. Durch regelmäßiges Schreiben werden Wortschatz, Sprache und Denken weiter ausdifferenziert. Dadurch lassen sich nicht nur Innenvorgänge genauer formulieren und erkennen, auch die sprachliche Kommunikation mit anderen gewinnt an Reichweite und Tiefe. So dient das intime Tagebuch zugleich der lustvolleren Verständigung im Kontext zwischenmenschlicher Beziehungen. Und wer wollte auf dieses Geschenk verzichten?

Abschluss

Der kleine Leitfaden zur Psychotherapie mit jungen Erwachsenen sollte die Bandbreite der methodischen Ansätze illustrieren, mit denen der Therapeut die Probleme des Patienten zu verstehen und zu lösen versucht. Dieses integrierte Modell auf der Grundlage eines tiefenpsychologischen Verständnisses menschlicher Antriebe und Widersprüche setzt einen hohen Grad an Flexibilität beim Therapeuten voraus und verlangt vom Patienten in erster Linie Offenheit und die Bereitschaft zur Veränderung.

Nach meinen Erfahrungen sind diese Voraussetzungen, trotz aller beschriebenen Einschränkungen, bei Jungerwachsenen eindeutiger gegeben als in allen anderen Altersgruppen. Das macht die Faszination, den Reichtum und die Lebendigkeit ihrer Behandlung aus. Bei den Entdeckungsreisen in den inneren Kontinent und in die abenteuerliche Welt der menschlichen Beziehungen berührt sich das Persönliche und Soziale aufs engste und wächst zu einer Einheit zusammen.

Hier liegt die entscheidende Entwicklungsaufgabe von jungen Erwachsenen – das Überschreiten eines noch stark individualisierten Selbstentwurfs zu einem sozial verantworteten Gemeinschaftswesen. Wenn die Therapie dem Patienten zu diesem Schritt verhilft, vermehrt sie nicht nur dessen Chancen zu größerem Glück und Freiheit, sondern leistet auch einen Beitrag zu mehr sozialer Gerechtigkeit und Frieden.

Als Beleg für diesen hochgesteckten Anspruch mag die Tatsache gelten, dass die Psychoanalyse und die tiefenpsychologisch fundierte Psychotherapie sich nur in Demokratien entfalten konnten, während sie in Diktaturen schon immer aufs schärfste verfolgt und unterbunden wurden.

Literatur

Balint, M., Ornstein, P. H., Balint, E. (1973): Fokaltherapie. Suhrkamp, Frankfurt/M.

Berne, E. (1961): Transactional Analysis in Psychotherapy. NY.

Blos, P. (1973): Adoleszenz. Klett, Stuttgart.

Boszormenyi-Nagy, I., Spark, G. M. (1973): Unsichtbare Bindungen. Klett-Cotta, Stuttgart.

Deutsche Shell (Hg.) (2002): Jugend 2002.

14. Shell Jugendstudie. Fischer, Frankfurt/M.

Erikson, E. H. (1966): Identität und Lebenszyklus. Suhrkamp, Frankfurt/M.

Figdor, H. (1997): Scheidungskinder – Wege der Hilfe. Psycho-sozial Verlag, Gießen.

Freud, A. (1964): Das Ich und die Abwehrmechanismen. Kindler, München.

Freud, S. (1904): Zur Psychopathologie des Alltagslebens. GW Bd. 4, Fischer, Frankfurt/M.

Freud, S. (1932): Neue Folge der Vorlesungen zur Einführung in die Psychoanalyse. GW Bd. 15, Fischer, Frankfurt/M.

Grass, G. (1999): Aus dem Tagebuch einer Schnecke. Steidl, Göttingen.

Halpern, H. M. (2003): Abschied von den Eltern. iskopress, Salzhausen.

Halpern, H. M. (2004): Festhalten oder loslassen, iskopress, Salzhausen.

Henning, G., Pelz, G. (2002): Transaktionsanalyse. Lehrbuch für Therapie und Beratung. Junfermann, Paderborn.

Jaeggi, E., Gödde, G., Hegener, W., Möller, H. (2003): Tiefenpsychologie lehren – Tiefenpsychologie lernen. Klett-Cotta, Stuttgart.

Malan, D. H.(1972): Psychoanalytische Kurztherapie. Rowohlt, Reinbek.

Misseldine, W. H. (1963): Your Inner Child of the Past. NY.

Nadolny, St. (1983): Die Entdeckung der Langsamkeit. Piper, München.

Papastefanou, Ch. (1997): Auszug aus dem Elternhaus. Juventa, Weinheim.

Perls, F.S. (1974): Gestalt-Therapie in Aktion. Klett, Stuttgart.

Petri, H. (2003): Das Drama der Vaterentbehrung. Herder, Freiburg.

Petri, H. (2004): Die junge Generation auf der Suche nach Orientierung und Identität. In: Schavan, A. (Hg.): a. a.O., S. 90–110.

Petri, H. (2005): Verlassen und verlassen werden. Kreuz, Stuttgart.

Petri, H. (2005): Der Wert der Freundschaft. Kreuz, Stuttgart.

Petri, H. (2006): Jugend auf der Suche. Welche Werte die Gesellschaft Jugendlichen vorenthält. Herder, Freiburg.

Petzold, H. (1985): Die neuen Körpertherapien. Junfermann, Paderborn.

Schavan, A. (Hg.) (2004): Bildung und Erziehung. Suhrkamp, Frankfurt/M.

Wagner, R. F., Becker, P. (Hg.) (1999): Allgemeine Psychotherapie. Neue Ansätze zu einer Integration psychotherapeutischer Schulen. Hogrefe, Göttingen.